O. Henry

Die besten Geschichten

O. Henry

# Die besten Geschichten

*Neu übersetzt von Alexandra Berlina*

Anaconda

Penguin Random House Verlagsgruppe FSC® N001967

Die Deutsche Nationalbibliothek verzeichnet diese Publikation in der Deutschen Nationalbibliografie; detaillierte bibliografische Daten sind im Internet unter http://dnb.d-nb.de abrufbar.


Umschlagmotiv: Horace Taylor (1881–1934), Brightest London is Best Reached by Underground, Bridgeman Images
Umschlaggestaltung: www.katjaholst.de
Satz und Layout: Achim Münster, Overath
Druck und Bindung: CPI books GmbH, Leck
ISBN 978-3-7306-1099-2
www.anacondaverlag.de

# Inhalt

# Die Gaben der Weisen

Ein Dollar siebenundachtzig. Das war's. Davon sechzig einzelne Cents – erspart und errettet durch unnachgiebiges Feilschen mit dem Metzger, dem Gemüsehändler und dem Krämer, bis Della vor jedermanns stillen, doch spürbaren Missbilligung solcher Knauserei die Wangen brannten. Dreimal zählte sie nach. Ein Dollar siebenundachtzig. Und morgen war Weihnachten.

Was konnte man da schon anfangen, als sich auf das abgewetzte kleine Sofa zu werfen und loszuheulen? Also tat Della genau das. Woraus wir übrigens auch den philosophischen Schluss ziehen können, dass das Leben aus Schluchzen, Schniefen und Schmunzeln besteht, wobei Schniefen dominiert.

Während die Dame des Hauses nun also vom Ersten zum Zweiten übergeht, können wir uns umschauen. Eine möblierte Wohnung, für 8 Dollar pro Woche, die zwar nicht jeder Beschreibung spottete, sich aber zumindest ins Fäustchen lachte bei jedem Versuch, ihr erzählerisch gerecht zu werden.

In der Eingangshalle unten fand sich ein Briefkasten, in den kein Brief passen wollte, und ein elektrischer Klingelknopf, dem kein sterblicher Finger jemals einen Ton entlocken konnte. Zu diesem Knopf gehörte auch ein Schild, und auf dem Schild prangte der Name »Mr James Dillingham Young«.

»Dillingham« hatte sich in früheren, gedeihlicheren Zeiten übermütig dazugesellt, als Mr Young noch 30 Dollar pro Woche verdiente. Nun war das Einkommen auf 20 Dollar geschrumpft, und der zweite Vorname wirkte verschämt und verschwommen, als ob er ernstlich erwöge, sich zu einem bescheidenen »D.« zusammenzuziehen. Zu Hause wurde Mr James Dillingham Young ohnehin einfach nur Jim genannt, und zwar von Mrs James Dillingham Young, die Sie bereits als Della kennen, und die ihrem Mann jeden Tag freudig um den Hals fiel, wenn er in die Wohnung kam. Und das ist auch alles gut so.

Della hatte inzwischen zu Ende geweint und frischte sich mit der Puderquaste die Wangen auf. Dann ging sie zum Fenster und blickte trübe auf eine graue Katze, die in dem grauen Hof über einen grauen Zaun spazierte. Morgen war Weihnachten, und sie hatte nur 1,87 $, um Jim ein Geschenk zu kaufen. Monat für Monat hatte sie jeden Cent gespart, und dies war das Ergebnis. Mit zwanzig Dollar die Woche ist eben nicht viel zu machen. Die Ausgaben waren größer als gedacht. Das sind sie ja immer. Nur 1,87 $, um Jim etwas zu schenken. Ihrem Jim. So viele glückliche Stunden hatte sie damit zugebracht, etwas besonders Schönes für ihn zu erträumen! Etwas Feines und Rares und Edles – etwas, was seiner zumindest beinahe würdig wäre.

Zwischen den Fenstern hing ein Pfeilerspiegel. Vielleicht haben Sie mal einen Pfeilerspiegel in einer 8-Dollar-Wohnung gesehen. Eine sehr schmale und sehr wendige Person kann darin ein relativ stimmiges Bild ihres Äußeren erhaschen, wenn sie die aufeinanderfolgenden vertikalen Ausschnitte rasch genug betrachtet. Die schlanke Della hatte diese Kunst gemeistert.

Auf einmal wirbelte sie vom Fenster weg und stellte sich vor den Spiegel. Ihre Augen leuchteten, aus ihrem Gesicht aber war alle Farbe gewichen. Rasch löste sie ihr Haar und ließ es zu seiner vollen Länge herabwallen.

Nun hatten die James Dillingham Youngs zwei Besitztümer, auf die sie mächtig stolz waren. Das eine war Jims goldene Taschenuhr, die seinem Vater und davor seinem Großvater gehört hatte. Das andere war Dellas Haar. Lebte die Königin von Saba im Haus gegenüber, müsste Della nur einmal ihr frischgewaschenes Haar am Fenster trocknen lassen, um alle Juwelen und Kostbarkeiten Ihrer Majestät in den Schatten zu stellen. Wäre König Salomo der Hausmeister und der Keller voll seiner Schätze, würde er sich jedes Mal vor Neid den Bart raufen, wenn Jim im Vorbeigehen wie zufällig seine Uhr aus der Westentasche zog.

Nun öffnete Della also ihr schönes Haar, und es fiel in glänzenden Kaskaden flüssiger Bronze. Fast wie ein Gewand umhüllte es sie bis zu den Kniekehlen. Nach einem Blick in den Spiegel steckte sie es nervös und hastig wieder hoch. Kurz zauderte sie; eine Minute lang stand sie da, und auf den fadenscheinigen roten Teppich fiel die eine oder andere Träne.

Dann aber an mit dem alten braunen Mantel, auf mit dem alten braunen Hut. Dellas Rock wirbelte hoch, als sie aus der Wohnung und die Treppe hinunter eilte, die Augen immer noch feucht.

Ihr Ziel war ein Haus mit dem Aushang »Madame Sofronie. Haarwaren aller Art«. Della flog in den ersten Stock und blieb keuchend vor der Tür stehen. Madame, wuchtig, bleich und kühl, sah kaum nach einer Sofronie aus.

»Würden Sie mein Haar kaufen?«, fragte Della.

»Kann schon sein«, sagte Madame. »Ziehn Sie mal Ihren Hut aus, und dann schaun wir.«

Wieder fiel die bronzene Kaskade.

Madame wog die Haarpracht mit geübter Hand und verkündete: »Zwanzig Dollar.«

»Her damit!«, sagte Della.

Die nächsten zwei Stunden vergingen wie im Flug. Nein, streichen Sie die abgedroschene Metapher.

Della durchwühlte die Läden nach einem Geschenk für Jim.

Und schließlich fand sie es. Es war ganz offensichtlich für Jim gemacht und für niemanden sonst. In keinem der anderen Läden gab es so etwas, und sie hatte sie allesamt auf den Kopf gestellt. Es war eine Uhrkette aus Platin. Einfach gestaltet, konzentriere sie ihren Wert im Wesentlichen; wie alle wirklich guten Dinge kam sie ganz ohne grelles Schmuckwerk aus. Ja, sie war tatsächlich *der Uhr* würdig. Sobald Della sie erblickte, wusste sie: Die Kette musste Jim gehören. Schlicht aber edel – so waren sie beide. Einundzwanzig Dollar kostete die Kette, und Della eilte mit den 78 Cents nach Hause. Nun würde Jim in jeder Gesellschaft in aller Ruhe die Uhrzeit studieren können. Bis jetzt stand es nämlich so, dass er manchmal heimlich auf seine prächtige Uhr schaute, denn statt an einer Kette hing sie an einem alten Lederband.

Zu Hause wich Dellas trunkene Freude der Umsicht und Vernunft. Sie nahm die Brennzange, zündete das Gas an und machte sich daran, die Verwüstung zu kaschieren, die Großmut und Liebe angerichtet hatten. Und das ist immer eine enorme Aufgabe, meine lieben Leserinnen und Leser. Eine Mammutaufgabe.

Vierzig Minuten später kräuselten sich um Dellas Kopf dichte Löckchen, sodass sie ganz bezaubernd nach einem Buben aussah, der gerade die Schule schwänzt. Sie blickte in den Spiegel – lange, aufmerksam und kritisch.

»Wenn Jim mich nicht gleich nach dem ersten Blick umbringt«, sprach sie zu sich, »sagt er bestimmt, ich sehe aus wie ein Coney-Island-Showgirl. Aber was hätte ich denn tun sollen? Was hätte ich mit einem Dollar siebenundachtzig tun sollen?«

Um sieben Uhr abends war der Kaffee fertig, und die Pfanne wärmte sich auf dem Herd, bereit, die Koteletts zu empfangen.

Jim kam nie zu spät nach Hause. Della legte die Uhrkette in der Hand zusammen und setzte sich auf die Tischkante nahe der Tür. Dann hörte sie seine Schritte unten auf der Treppe, und das Blut wich ihr für einen Augenblick aus dem Gesicht. Sie hatte die Gewohnheit, kleine Gebete über die alltäglichsten Dinge aufzusagen, und nun flüsterte sie: »Lieber Gott, mach bitte, dass er mich immer noch hübsch findet.«

Die Tür ging auf; Jim trat herein und schloss hinter sich ab. Er sah sehr dünn aus, und sehr ernst. Der Arme war erst zweiundzwanzig – und trug schon die Bürde des verheirateten Mannes! Er könnte einen neuen Mantel gebrauchen, und Handschuhe hatte er gar keine.

Jim machte einen Schritt ins Zimmer und erstarrte wie ein Jagdhund, der eine Wachtel gerochen hat. Sein Blick war auf Della geheftet – und es erschreckte sie, dass sie seinen Ausdruck nicht lesen konnte. Es war nicht Ärger, nicht Überraschung, nicht Missfallen, nicht Schrecken, nicht irgendeins der Gefühle, auf die sie gefasst war. Er starrte sie einfach an, mit diesem seltsamen Ausdruck im Gesicht.

Della rutschte vom Tisch und stürzte zu ihm.

»Jim, Liebster«, rief sie, »jetzt schau mich doch nicht so an! Ich hab mein Haar eben abgeschnitten und verkauft; ich konnte dich ja Weihnachten nicht leer ausgehen lassen. Es wächst schon noch nach – du bist mir doch nicht böse, oder? Das musste einfach sein. Mein Haar wächst auch ganz furchtbar schnell! Jetzt sag doch mal ›frohe Weihnachten!‹, Jim, und lass uns glücklich sein. Du weißt ja noch gar nicht, was ich für ein schönes – ein richtig schönes Geschenk für dich habe!«

»Du hast dein Haar abgeschnitten?«, fragte Jim mit sichtlicher Anstrengung, als wäre diese sonnenklare Tatsache bei ihm trotz aller geistiger Bemühung noch nicht ganz angekommen.

»Abgeschnitten und verkauft«, sagte Della. »Aber du magst mich doch trotzdem, nicht wahr? Ich bin ja ich, auch ohne mein Haar, oder?«

Jim schaute sich um, als sähe er die Wohnung zum ersten Mal.

»Dein Haar ist also weg?«, wiederholte er nahezu idiotisch.

»Weg, fort, verschwunden, nicht mehr da. Ich sage doch: Ich hab's verkauft. Jetzt aber komm, es ist Weihnachten, Junge! Sei bitte lieb zu mir, ich hab's ja für dich getan.« Dann fuhr Della fort, auf einmal ernst und zärtlich: »Vielleicht könnte man die Haare auf meinem Kopf abzählen, aber meine Liebe zu dir kann niemand berechnen. Soll ich jetzt die Koteletts braten, Jim?«

Da erwachte Jim schließlich aus seiner Trance. Er schloss seine Della in die Arme. Schauen wir für ein paar Sekunden weg, betrachten wir irgendeinen belanglosen Gegenstand am anderen Ende des Zimmers. Acht Dollar pro Woche oder eine Million pro Jahr – was macht das schon für einen Unterschied? Ein Mathematiker hätte etwas dazu zu sagen, oder auch ein Aphoristiker; doch beide würden sich irren. Die drei Weisen hatten ihrerzeit wertvolle Gaben gebracht, doch eine brachten sie nicht. Diese dunkle Behauptung wird später noch erhellt.

Jim zog ein Päckchen aus seiner Manteltasche und ließ es auf den Tisch fallen.

»So meine ich das nicht, Dell!«, sagte er. »Es wurde noch kein Shampoo und kein Schnitt erfunden, die zwischen mich und mein Mädchen kommen könnten. Aber mach mal das Päckchen hier auf, dann siehst du schon, warum ich erst so benommen war.«

Finger zart und flink rissen an der Schnur und am Papier. Dann ein ekstatischer Freudenschrei und dann – ah, dann kamen schon die ewig weiblichen Tränen und Klagen, die den Einsatz aller Trosttalente des Hausherrn erforderten.

Denn da lagen *die Kämme*: Die Garnitur von Schmuckkämmen – zwei für die Seiten, einer für den Hinterkopf –, die Della schon lange in einem Schaufenster auf dem Broadway bewundert hatte. Wunderschöne Kämme waren das, reines Schildpatt, mit Edelsteinen besetzt, und genau die richtige Farbe für das ebenso wunderschöne und nun verlorene Haar. Die Kämme waren teuer, das wusste Della, und ihr Herz hatte sich ohne jede Hoffnung danach verzehrt. Jetzt gehörten sie ihr. Die langen Locken und der ersehnte Schmuck hätten sich gegenseitig zieren sollen – nun waren die ersten nicht mehr da.

Doch schließlich presste sich Della die Kämme an die Brust, hob den Blick und lächelte durch die Tränen: »Mein Haar wächst so schnell nach, Jim!«

Und dann sprang sie auf wie ein erschrecktes Kätzchen und rief: »Oh, oh!«

Jim hatte ihr wunderbares Geschenk ja noch gar nicht gesehen! Voller Vorfreude streckte sie ihm die offene Hand mit der Kette entgegen. Das edle matte Metall schimmerte auf, als spiegelte es ihr leuchtendes, stürmisches Wesen.

»Ist sie nicht ein Gedicht, Jim? Ich habe die ganze Stadt abgesucht, bevor ich sie entdeckte. Jetzt musst du jeden Tag hundertmal nach der Zeit schauen! Komm, gib mir deine Uhr, ich will sehen, wie sie sich an der Kette macht.«

Doch statt zu gehorchen, ließ sich Jim aufs Sofa fallen, verschränkte die Hände hinter dem Kopf und lächelte.

»Dell«, sagte er, »lass uns unsere Weihnachtsgeschenke mal für eine Weile beiseitelegen. Sie sind für den Moment zu schön. Die Uhr habe ich verkauft, um dir die Kämme schenken zu können. Und jetzt – hast du nicht etwas von Koteletts gesagt?«

Die Heiligen Drei Könige, das ist weithin bekannt, waren weise Menschen, sehr weise sogar. Sie brachten dem Kinde in der Krippe ihre Gaben und erfanden damit das Weihnachtsgeschenk. In ihrer Weisheit schenkten sie sicherlich auch weise, wahrscheinlich mit Umtauschrecht, für den Fall, dass man schon Weihrauch und Myrrhe im Haus hatte. Und da erzähle ich ohne jede Kunst diese simple Geschichte von zwei närrischen Kindern in einer winzigen Wohnung, die füreinander äußerst unweise die größten Schätze opferten, die sie besaßen. Doch eines will ich den heutigen Weisen sagen: Unter allen Schenkenden waren diese zwei die Weisesten. Unter allen, die schenken und beschenkt werden, sind Menschen wie sie die weisesten. Sie sind die Weisen.

# Kleider, Sachen, Leute

Mr Towers Chandler bügelte in seinem Mietzimmer den Abendanzug. Das eine Bügeleisen wurde auf dem kleinen Gasherd vorgeheizt, das zweite kräftig hin und her geschoben, um die perfekte Falte zu erzeugen, die sich schnurgerade von Mr Chandlers tief ausgeschnittener Weste bis zu seinen Lackschuhen erstrecken sollte. So viel und nicht mehr wollen wir hier von der Toilette des Helden verraten. Den Rest mit all seinen erniedrigenden Kniffen kann erahnen, wer selbst die vornehme Armut kennt. Wir aber schauen den jungen Mann erst wieder an, wenn er die Stufen seiner Herberge hinabsteigt: makellos gekleidet, ruhig, sicher, gutaussehend – offensichtlich ein Stammgast der edlen New Yorker Clubs, der sich leicht gelangweilt auf den Weg zu den üblichen Abendvergnügungen macht.

Nun verdiente Chandler aber 18 Dollar die Woche, und zwar in einem Architekturbüro. Er war zweiundzwanzig; er hielt Architektur für eine wahre Kunst;

und, auch wenn er es in New York nicht laut zugegeben hätte, fand er den Mailänder Dom doch tatsächlich baukünstlerisch dem Flatiron Building überlegen.

Von jedem Wochenverdienst legte Chandler einen Dollar beiseite. Nach jeweils zehn Wochen trat er mit dem so angesammelten Kapital an die Schnäppchentheke des geizigen alten Gevatters Zeit und erwarb sich einen Abend als Gentleman. Er trug die Insignien der Millionäre und Präsidenten; er begab sich in das Viertel, wo das Leben am prächtigsten leuchtet, und speiste dort mit Luxus und Geschmack. Mit zehn Dollar in der Tasche kann man für ein paar Stunden sehr überzeugend den wohlhabenden Müßiggänger spielen. Die Summe ist mehr als ausreichend für ein elegantes Essen, dazu eine Flasche mit respektablem Etikett, ein angemessenes Trinkgeld, eine Zigarre, ein Cab und die üblichen Etceteras.

Dieser eine köstliche unter siebzig öden Abenden war für Chandler stets ein frischer Quell der Glückseligkeit. Eine höhere Tochter erlebt nur einen ersten Ball, und dieser allein tröstet sie mit süßer Erinnerung, wenn ihr Haar weiß wird – Chandler aber empfand alle zehn Wochen eine Freude so durchdringend, so aufregend, so neu wie die allererste. Zwischen Bonvivants im Wirbel des unsichtbaren Orchesters unter Palmen zu sitzen, die Habitués dieses Paradieses zu betrachten und von ihnen betrachtet zu werden – was ist im Vergleich dazu schon der erste Tanz eines Mädchens im Tüllkleid mit kurzen Ärmeln?

Von der allabendlichen Kleiderparade umgeben, schritt Chandler den Broadway hinauf, Betrachter und gleichsam Exponat. An den nächsten neunundsechzig Abenden würde er Kammgarn tragen; statt eines Restaurants erwarteten ihn dubiose Mittagsmenüs, schnell hinuntergeschlungene Mahlzeiten in einem Diner und mit Bier hinuntergespülte Sandwiches auf seinem Mietzimmer. Dazu war er bereit, denn er war ein echter Sohn der Hauptstadt des großen Tamtams, und ein paar Stunden im Rampenlicht waren ihm viele dunkle Abende wert.

Chandler schlenderte langsam an den Vierziger-Straßen entlang, wo der Broadway zur Straße des Müßiggangs wurde: Der Abend war noch jung, und wenn man nur alle siebzig Tage einmal zur Crème de la Crème gehört, will man den Genuss doch in die Länge ziehen. Unterwegs erhaschte er strahlende, finstere, neugierige, bewundernde, aufreizende, verlockende Blicke, denn seine Kleidung und sein Auftreten offenbarten in ihm einen wahren Bonvivant.

Einmal blieb er stehen und überlegte sich, ob er zurück zu dem mondänen Restaurant spazieren sollte, in dem er meist an seinen Luxusabenden zu speisen pflegte. In diesem Augenblick trippelte ein Mädchen leichtfüßig um die Ecke, rutschte auf dem vereisten Schnee aus und plumpste zu Boden.

Chandler eilte zu ihr und half ihr mit aller Höflichkeit auf die Beine. Das Mädchen humpelte zur Hauswand, lehnte sich dagegen und bedankte sich sittsam.

»Ich glaube, mein Knöchel ist verstaucht«, sagte sie dann. »Der Fuß hat sich beim Fallen verdreht.«

»Tut es sehr weh?«, fragte Chandler besorgt.

»Nur wenn ich darauf auftrete. Ich denke, in ein paar Minuten kann ich wieder laufen.«

»Kann ich Ihnen irgendwie helfen?«, erkundigte sich der junge Mann. »Ein Cab rufen vielleicht?«

»Danke«, antwortete sie leise, aber herzlich. »Machen Sie sich bitte keine Umstände. Es war so ungeschickt von mir! Dabei trage ich furchtbar vernünftige Schuhe – den Absätzen kann ich die Schuld wahrlich nicht zuschieben.«

Chandler betrachtete das Mädchen mit wachsender Bewunderung. Sie war hübsch, auf eine feine, grazile Art; ihr Blick war fröhlich und freundlich. Sie trug ein schlichtes schwarzes Kleid, eine Shopgirl-Uniform vielleicht. Ihre glänzenden dunkelbraunen Locken schauten unter einem billigen schwarzen Strohhut hervor, den lediglich ein dezentes Samtband mit Schleife schmückte. Kurz: Sie war das Idealbild eines anständigen arbeitenden Mädchens.

Plötzlich kam der junge Architekt auf eine Idee. Er würde sie zum Essen einladen! Genau das hatte seinen prächtigen Festmahlen gefehlt. Die kurzen Stunden des eleganten Luxus würden ihm das doppelte Vergnügen bereiten, wenn er sie mit einer Dame teilte. Und sie war eine Dame, das machten ihr Benehmen und ihre Sprache ganz deutlich. Trotz ihrer äußerst schlichten Kleidung war er sicher: Es würde ein Vergnügen sein, mit ihr an einem Tisch zu sitzen.

Rasch schwirrten ihm diese Gedanken durch den Kopf, und schon wusste er: Gleich würde er sie tatsächlich fragen. Es verstieß natürlich gegen die Etikette, aber Frauen, die ihren Lebensunterhalt selbst verdienten, waren ja oft weniger formell gesinnt. Sie besaßen Menschenkenntnis und hielten mehr auf ihr eigenes Urteil als auf leere Gepflogenheiten. Wenn er seine zehn Dollar mit Bedacht ausgab, war eine feine Mahlzeit für zwei durchaus drin. Und was für eine wunderbare Erfahrung so ein Abendessen für sie sein würde, was für ein Kontrast zu der grauen Routine ihres Lebens! Sicherlich würde ihre aufrichtige Freude an dem Dinner zu seiner eigenen beitragen.

»Ich glaube«, sagte er offen und ernst, »Ihr Fuß braucht eine längere Pause, als Sie vermuten. Es gäbe da eine Möglichkeit, ihm etwas Ruhe zu gönnen – und mir gleichzeitig einen Gefallen zu tun. Ich wollte gerade essen gehen, mutterseelenallein, als Sie um die

Ecke stolperten. Kommen Sie mit: Wir dinieren gemütlich, plaudern ein bisschen; in der Zwischenzeit erholt sich Ihr Knöchel und trägt Sie dann bestimmt tapfer nach Hause.«

Das Mädchen blickte schnell in Chandlers ehrliches, freundliches Gesicht. Ein Funkeln blitzte kurz in ihren Augen, und dann lächelte sie offen.

»Wir kennen uns doch gar nicht – wäre das nicht falsch?«

»Überhaupt nicht«, antwortete der junge Mann mit aller Aufrichtigkeit. »Ich stelle mich sogleich vor – erlauben Sie, Mr Towers Chandler. Ich hoffe, Ihnen das Dinner so angenehm wie möglich zu machen, und danach will ich mich von Ihnen verabschieden oder Sie bis zur Tür begleiten, ganz wie Sie möchten.«

»Aber meine Güte!«, rief das Mädchen mit einem Blick auf Chandlers makellosen Anzug. »Ich mit meinem alten Kleid und Hut!«

»Das macht nichts«, sagte Chandler fröhlich. »Keine Dame in Abendgarderobe könnte bezaubernder aussehen als Sie, da bin ich mir ganz sicher.«

»Mein Knöchel tut tatsächlich noch weh«, gab das Mädchen nach einem versuchten Schritt zu. »Ich nehme Ihre Einladung an, Mr Chandler. Nennen Sie mich bitte – nennen Sie mich Miss Marian.«

»Dann wollen wir los, Miss Marian«, sagte der junge Architekt beschwingt, aber galant, »keine Sorge, es ist nicht weit. Gleich im nächsten Block kenne ich ein sehr respektables, gutes Restaurant. Stützen Sie sich bitte auf meinen Arm – ja, so –, und dann wollen wir ganz langsam laufen. Ein einsames Abendessen ist schon etwas trist. Ich muss zugeben, ein bisschen freue ich mich, dass Sie auf dem Eis ausgerutscht sind.«

Als die beiden an einem wohlgedeckten Tisch Platz genommen hatten und ein beflissener Kellner vor ihnen stand, empfand Chandler wieder die sprudelnde Freude, die ihm jeder seiner Luxusabende brachte.

Das Establishment war nicht ganz so glamourös wie sein Lieblingsrestaurant weiter unten am Broadway, aber beinahe. An den meisten Tischen saßen nach Wohlstand aussehende Gäste; das Orchester spielte gut und leise genug, um angenehme Konversation zu ermöglichen; die Speisen und der Service waren über jede Kritik erhaben. Seine Begleiterin hielt sich trotz des billigen Huts und Kleids mit einer Würde, die ihrer natürlichen Schönheit den letzten Schliff gab. Und wenn ihr Blick auf Chandlers strahlenden blauen Augen ruhte, wenn sie seiner lebhaften, doch beherrschten Rede lauschte, erschien in ihren bezaubernden Zügen etwas, das man fast Bewunderung nennen könnte.

Und dann wurde der junge Mann von der Manie Manhattans gepackt, von der Furore fremder Federn, dem Bazillus der Bravade und der Provinzpest der Pose. Da war er, am Broadway, umgeben von Prunk und Pomp, und unter dem Blick ihrer Augen. In dieser Komödie war er nun einmal der sorglose Nachtschwärmer, der Müßiggänger mit Vermögen und Geschmack. Er trug das richtige Kostüm für die Rolle, und kein guter Engel konnte ihn davon abhalten, sie auch zu spielen.

Und so begann er, Miss Marian etwas von Clubs, Five-o-Clocks und Golf vorzuschwatzen, vom Reiten und Jagen, von Tanzabenden und Europareisen; erwähnte nebenbei eine angeblich in Larchmont angelegte Jacht. Er merkte, wie sehr dieses vage Gerede sie beeindruckte, also untermauerte er es durch beiläufige Anspielungen auf großen Reichtum und ließ vertraulich ein paar Namen fallen, für die das Proletariat große Ehrfurcht empfand. Diese Zeit gehörte Chandler, diese so kurze Zeit, und so rang er ihr alles ab, was ihm am schönsten schien. Und doch sah er durch den Nebel seiner Selbstsucht gelegentlich das reine Gold schimmern, das dieses Mädchen war.

»Zu leben, wie Sie es beschreiben«, sagte sie, »scheint so sinn- und zwecklos … Gibt es in der Welt denn nichts zu tun, das Sie mehr interessiert? Keine Aufgabe, keine Arbeit?«

»Meine liebe Miss Marian!«, rief er. »Also wirklich: Arbeit! Ich muss mich doch jeden Abend um meine Dinnertoilette kümmern und jeden Nachmittag ein halbes Dutzend Bekannte besuchen – dabei kann ich nicht einmal vom Tempo meines Automobils Gebrauch machen, denn an jeder Ecke lauert ein Polizist und träumt nur davon, mich auf die Station mitzunehmen, wenn ich schneller fahre als ein Eselskarren. Ja, wir Taugenichtse sind die fleißigsten Arbeiter im Lande!«

Nach dem Abendessen erhielt der Kellner ein großzügiges Trinkgeld, und die beiden gingen hinaus. Zusammen erreichten sie die Ecke, an der sie sich kennengelernt hatten. Miss Marian lief inzwischen recht munter und hinkte kaum noch.

»Ich danke Ihnen für diesen Abend«, sagte sie ernst. »Jetzt muss ich aber schnell nach Hause. Das Dinner war sehr schön, Mr Chandler.«

Er schüttelte ihr mit einem herzlichen Lächeln die Hand und sagte etwas von einer Partie Bridge in seinem Club. Noch einen Moment lang sah er ihr nach, wie sie ziemlich rasch gen Osten ging, und dann fand er ein Cab und fuhr nach Hause.

In seinem klammen Zimmer legte er gedankenverloren die Abendgarderobe für neunundsechzig Tage ab.

»Ein umwerfendes Mädchen war das«, sagte er zu sich. »Anständig auch, das kann ich schwören, auch wenn sie ein Shopgirl ist. Hätte ich ihr nur die Wahrheit gesagt statt dieser Angeberei, wären wir vielleicht – zum Teufel aber auch! Wie konnte ich in diesem Aufzug denn anders?«

So sprach der tapfere Held, großgezogen in den Wigwams des Stamms von Manhattan.

Das Mädchen eilte inzwischen quer durch die Stadt, zu einer stattlichen Villa zwei Viertel weiter östlich, an der Allee, wo der Mammon mit seinen Hilfsgöttern weilt. Sie huschte hinein, stieg hinauf und betrat ein Zimmer, in dem eine hübsche junge Dame in einem aufwendigen Hauskleid besorgt aus dem Fenster schaute.

»Du Wildfang!«, rief sie, als sie sich umdrehte und das jüngere Mädchen sah. »Schon wieder hast du uns einen regelrechten Schrecken eingejagt! Du warst zwei Stunden lang verschwunden, in diesen alten Lumpen und mit Maries Hut – Mamá hat sich furchtbare Sorgen gemacht. Sie hat schon Louis im Automobil auf die Suche geschickt. Ach Spätzchen, wie kannst du bloß so herzlos sein?!«

Die ältere Schwester berührte einen Knopf, und sogleich kam ein Dienstmädchen herein.

»Marie, sag Mamá, Miss Marian ist wieder da.«

»Jetzt schimpf doch nicht, Schwesterherz! Ich wollte nur kurz zu Madame Theo und ihr sagen, ich möchte den Einsatz in Mauve statt in Rosa. Dieses Kleid hier und Maries Hut waren genau das Richtige – es hielten mich alle für ein Shopgirl, da bin ich mir sicher.«

»Das Dinner hast du aber verpasst, Spatz.«

»Ich weiß. Die Sache ist, ich bin auf dem Bürgersteig

ausgerutscht und habe mir den Knöchel verstaucht. Ich konnte nicht richtig laufen, also bin ich zu einem Restaurant gehumpelt und habe es dort ausgesessen. Deshalb war ich so lange weg.«

Die beiden Mädchen machten es sich auf dem Fenstersitz gemütlich, betrachteten die Lichter und den hektischen Verkehr in der Avenue. Die jüngere Schwester kuschelte sich an die ältere.

»Eines Tages werden wir heiraten müssen«, sagte sie verträumt, »du und ich, alle beide. Wir haben so viel Geld, da dürfen wir die Öffentlichkeit nicht enttäuschen. Soll ich dir sagen, was für einen Mann ich lieben könnte?«

»Nur zu, du Wirrkopf«, lächelte das ältere Mädchen.

»Ich könnte einen Mann lieben, der warme dunkelblaue Augen hat, der sanft und respektvoll zu armen Mädchen ist, der gut aussieht und sich nicht im Flirten versucht. Aber ich könnte ihn nur lieben, wenn er auch Ehrgeiz hätte: ein Ziel, eine Aufgabe in der Welt. Er könnte ruhig arm sein, das ist mir ganz egal; ich würde ihm helfen, den Weg nach oben zu finden. Aber, Schwesterherz, wir treffen ja immer nur eine Art von Mann – Bonvivants, die nur vom Club zum Dinner und vom Dinner zum Club flattern. Und so einen Mann kann ich nicht lieben! Sollte er auch tiefblaue Augen haben und noch so nett zu armen Mädchen sein, die ihm über den Weg stolpern.«

# Das möblierte Zimmer

Rastlos, unstet, flüchtig wie die Zeit selbst ist der allergrößte Teil der Bewohner des roten Backsteinviertels der unteren West Side. Sie haben kein Zuhause, nur Hunderte von Zufluchten. Sie huschen von einem möblierten Zimmer zum nächsten, ewig auf der Durchreise – mit Seele, Geist und Leib. Sie singen »Home, Sweet Home« im Ragtime-Beat; sie tragen ihre Hausgötter in einer Hutschachtel, denn wo sie ihren Hut hinhängen, ist ihr Zuhause; die Gummipflanze ist ihr Feigenbaum.

Die Häuser hier kennen also Tausende Menschen und haben auch Tausende Geschichten zu erzählen – die meisten davon gewiss langweilig, aber es wäre doch seltsam, wenn all diese Bewegung nicht den einen oder anderen Geist hinterlassen hätte.

Eines späten Abends trieb sich ein junger Mann zwischen den bröckelnden roten Häusern umher und klingelte an jeder Tür. Bei der zwölften stellte er sein mageres Gepäck auf der Treppe ab und strich sich den

Staub von Hut und Stirn. Das Klingeln im Haus war schwach, als käme es aus einer tiefen Höhle irgendwo weit weg.

Diese zwölfte Tür wurde nun von der Hauswirtin geöffnet. Dem jungen Mann kam sie vor wie ein aufgequollener Wurm, der seine Nuss ausgefressen hatte und nun die leere Schale mit essbaren Mietern zu füllen gedachte.

Er fragte, ob ein Zimmer zu haben sei.

»Kommen Sie herein«, sagte die Wirtin. Ihre Stimme kam tief aus der Kehle und klang, als wäre diese Kehle mit Pelz ausgekleidet. »Hinten im zweiten Stock ist seit einer Woche ein Zimmer frei. Möchten Sie es sich ansehen?«

Der junge Mann folgte ihr die Treppe hinauf. Ein schwaches Licht aus unklarer Quelle verwischte die Schatten im Flur. Geräuschlos schritten sie über einen Treppenteppich, so abgeschabt, dass sein eigener Webstuhl ihn nicht erkannt hätte. Der Teppich schien in dieser ranzigen, sonnenlosen Luft zu einer üppigen Flechte verkommen zu sein oder zu einem Moos. Fleckig breitete er sich über die Treppe aus und gab unter dem Fuß nach wie etwas Organisches. Auf jedem Treppenabsatz prangten leere Nischen in der Wand. Vielleicht waren hier früher einmal Pflanzen in Kübeln gewachsen. In dieser fauligen, verdorbenen Luft hätte aber nichts lange überleben können. Vielleicht hatten dort auch Statuen von Heiligen gestanden, doch man konnte sich nur zu leicht vorstellen, wie Kobolde und Teufel sie in der Finsternis von ihren Plätzen und in die unheiligen Tiefen irgendeiner möblierten Hölle gezerrt hatten.

»Das ist das Zimmer«, sprach die Wirtin aus ihrer pelzigen Kehle. »Ein sehr schönes Zimmer. Steht nicht oft leer. Hatte hier letzten Sommer die elegantesten Leute – kein bisschen Ärger, und zahlten bis auf den Cent im Voraus. Das Wasser ist hinten im Flur. Sprowls und Mooney waren drei Monate hier, die haben in der Stadt Varieté gemacht. Miss Beretta Sprowls, Sie haben vielleicht von ihr gehört? Aber das war natürlich nur der Künstlername, dort über der Kommode hat die Heiratsurkunde in einem Rahmen gehangen, jawohl. Das Gas ist hier, so, und im Wandschrank ist jede Menge Platz. Ja, dieses Zimmer finden alle ganz wunderbar. Bleibt nie lange leer.«

»Haben Sie oft Theaterleute hier?«, fragte der junge Mann.

»Och, es ist ein Kommen und Gehen. Aber es sind schon viele, ja, die am Theater ihr Engagement haben. Wir sind ja eben im Theaterviertel hier. Und das Schauspielvolk bleibt nie lange an einem Platz, da bekomm ich eben auch meinen Teil ab. Jawohl, Sir, es ist immer ein Kommen und Gehen.«

Er mietete das Zimmer und bezahlte eine Woche im

Voraus. Einziehen würde er sofort, erklärte er, müde wie er war. Er zählte das Geld ab. Das Zimmer sei schon fertig, sagte die Wirtin, sogar Handtücher und Wasser seien da. Als sie schon in der Tür stand, stellte er die Frage, die er die er überall mit sich herumtrug.

»Gab es unter Ihren Mietern vielleicht eine junge Frau – eine Miss Vashner, Miss Eloise Vashner? Wahrscheinlich Sängerin. Helle Haut, mittelgroß, schlank, mit rötlich-goldenem Haar und einem dunklen Muttermal an der linken Braue?«

»Nein, der Name sagt mir nichts. Das Theatervolk, das tut den Namen ja auch so oft wechseln wie die Zimmer. Ja, es ist immer ein Kommen und Gehen. Aber da klingelt bei mir nichts, nein.«

Nein. Schon wieder nein. Fünf Monate ununterbrochener Suche, und nichts als nein. Tagelang hatte er Manager, Agenten, Musikschulen und Varietés befragt; nächtelang hatte er die Bühnen abgesucht – von den bekanntesten Theatern bis zu derart verruchten Music Halls, dass er eher gefürchtet als gehofft hatte, sie dort zu finden. Er liebte sie und suchte sie. Er war sicher: Seit sie von zu Hause verschwunden war, steckte sie irgendwo in dieser riesigen, wasserumgürteten Stadt – aber die Stadt war wie widerwärtiger Treibsand, ständig in Bewegung, ohne Fundament; was heute oben war, würde morgen unter Schlamm und Schleim verkommen.

Das möblierte Zimmer begrüßte ihn mit einem Hauch falscher Gastlichkeit, flüchtig, gehetzt und oberflächlich wie das Lächeln einer Kokotte. Die morschen Möbel, die abgewetzten Brokatpolster eines Sofas und zweier Stühle, der fußbreite billige Pfeilerspiegel zwischen den Fenstern, der vergoldete Bilderrahmen und das Messing-Bettgestell warfen allesamt einen fahlen Abglanz von vermeintlicher Gemütlichkeit.

Der Gast ließ sich kraftlos auf einen Stuhl fallen, und das Zimmer erzählte ihm in vielen Zungen von seiner so vielfältigen ehemaligen Bewohnerschaft.

Ein bunter Teppich lag wie eine rechteckige Tropeninsel mit leuchtenden Blumen inmitten eines wogenden Meeres aus dreckigen Fußmatten. An der heiter tapezierten Wand hingen Kopien jener Bilder, die Ewigreisende von Haus zu Haus verfolgen – »Ein Hugenotte«, »Der erste Streit«, »Das Hochzeitsessen«, »Amor und Psyche am Brunnen« … Der keusche, strenge Umriss des Kamins verbarg sich unrühmlich hinter einer kecken Draperie, die so schief hing wie die dürftigen Hüllen einer Tänzerin im Amazonen-Ballett. Auf dem Kaminsims war trostloses Treibgut verstreut, das die hier Gestrandeten hinterlassen hatten, bevor glücklichere Segel sie zu neuen Häfen brachten – eine kleine Vase, Bilder etlicher Schauspielerinnen, eine Medizinflasche, ein paar verirrte Spielkarten …

Wie eine Geheimschrift sich Symbol für Symbol offenbart, wurden auch hier nach und nach die Zeichen der vielen Gäste lesbar. Die abgeschabte Stelle im Teppich vor der Frisierkommode erzählte, dass auch schöne Frauen hier geweilt hatten. Winzige Fingerabdrücke an der Wand sprachen von kleinen Gefangenen, die vergeblich versuchten, sich den Weg zu Luft und Sonne zu ertasten. Ein unregelmäßiger Fleck an der Wand strahlte in alle Richtungen wie der Schatten einer explodierenden Bombe: Hier war ein volles Glas oder eine Flasche gegen die Wand geflogen. Auf dem Pfeilerspiegel ergaben schwankende, wohl mit einem Diamanten geritzte Buchstaben den Namen Marie. Es war, als würden alle, die hier hausten, irgendwann in wilde Wut verfallen – vielleicht war das grelle, kalte Zimmer der Grund dafür; sicherlich war es ein Ventil für brodelnde Leidenschaften. Die Möbel waren zerschlissen und zerkratzt; durch den Bezug berstende Sprungfedern hatten das Sofa in ein Ungeheuer verwandelt, das gerade in einem grotesken Krampf krepierte. Ein noch mächtigeres Monster hatte ein großes Stück vom marmornen Kaminsims abgeschlagen. Jedes Brett des Fußbodens krächzte und kreischte mit seiner eigenen Stimme in seiner ganz persönlichen Agonie. Es war kaum zu glauben, dass dieses Zimmer von Menschen so übel zugerichtet wurde, die es doch eine Zeit lang ihr Zuhause genannt hatten – aber vielleicht hatte sich der erblindete, doch nicht erstorbene Trieb nach einem Zuhause so an den falschen Hausgöttern und Hausgeistern gerächt. Denn selbst die bescheidenste Hütte können wir hegen und pflegen und fegen, wenn sie nur uns gehört.

Der junge Mieter ließ diese Gedanken auf leisen Füßen an sich vorbeitappen, während möblierte Geräusche und möblierte Gerüche in seine Richtung wehten. Aus einem Zimmer hörte er unkontrolliertes Lachen und Kichern, aus anderen eine Schimpftirade, klappernde Würfel, ein Wiegenlied, dumpfes Weinen; über ihm klimperte beherzt ein Banjo. Irgendwo knallten Türen; immer wieder dröhnte die Hochbahn; eine Katze jaulte kläglich auf dem Zaun. Er atmete den Atem des Hauses ein – keinen Geruch, vielmehr einen muffigen Geschmack, eine klamme Ausdünstung wie aus unterirdischen Gewölben, vermischt mit dem Gestank von Linoleum und schimmligem, verrottetem Holz.

Und während er so dasaß, füllte sich das Zimmer auf einmal mit dem Duft von Reseda. Der Duft kam wie auf einer Böe getragen und sprach so klar, als wäre er ein lebender Besucher. »Was, Liebste?«, rief der junge Mann, als hörte er eine Stimme. Er sprang auf, schaute sich um. Das schwere Aroma umgab ihn ganz, hüllte ihn in seine Wolke. Er streckte die Arme danach aus, seine Sinne für einen Augenblick verwirrt. Konnte Geruch einen denn so eindringlich beschwören? Es müsste doch eher ein Geräusch gewesen sein. Aber hat ihn denn etwa ein Geräusch gerade so berührt, sich so an ihn geschmiegt?

»Sie ist hier gewesen«, flüsterte er und sprang auf die Beine, um dem Zimmer ein Zeichen zu entreißen. Er wusste: Auch das kleinste Ding, das ihr einmal gehört hatte oder von ihr angefasst worden war, würde er erkennen. Dieser alldurchdringende Duft von Reseda, den sie so liebte und den sie sich zu eigen gemacht hatte – wo kam er her?

Man hatte das Zimmer nur nachlässig aufgeräumt. Auf dem fadenscheinigen Tuch der Kommode war ein halbes Dutzend Haarnadeln verstreut – aber diese diskreten, einförmigen Freundinnen der Frau verrieten nur das Geschlecht, nicht die Stimmung und nicht die Zeit. Er ignorierte sie, sich ihrer triumphalen Identitätslosigkeit bewusst, und wühlte in den Schubladen der Kommode. Da stieß er auf ein winziges, zerlumptes Taschentuch und drückte es sich ans Gesicht – es stank aber unverschämt nach Vanilleblume, und er schleuderte es zu Boden. In der zweiten Schublade fand er diverse Knöpfe, ein Theaterprogramm, die Karte einer Pfandleihe, zwei Marshmallows und ein Buch über Traumdeutung. In der letzten entdeckte er schließlich eine schwarze seidene Haarschleife, und für einen Moment durchfuhr es ihn wie Eis und Feuer zugleich. Aber auch eine schwarze Haarschleife ist nur der übliche, unpersönliche Schmuck der Weiblichkeit und erzählt keine Geschichten.

Dann jagte er wie ein Spürhund quer durchs Zimmer dem Duft nach, berührte die Wände, untersuchte auf allen vieren die Ecken der aufgedunsenen Fußmatten, wühlte sich durch jede Schublade, betastete die Vorhänge und Draperien, das betrunken schiefe Schränkchen in der Ecke – überall suchte er nach etwas Sichtbarem und konnte nicht verstehen, dass sie hier war, neben ihm, über ihm, um ihn und in ihm, dass sie sich an ihn schmiegte, ihn lockte, ihn so eindringlich beschwor durch die feineren Sinne, dass auch die gröberen es schließlich spürten. Einmal antwortete er wieder: »Ja, Liebste!«, und blickte dann mit wilden Augen ins Leere, denn er konnte im Duft der Reseda noch nicht die Form und die Farbe und die Liebe und die nach ihm ausgestreckten Arme sehen. Oh Gott, woher kam bloß dieser Geruch, und seit wann haben Gerüche eine Stimme? Und so tastete er blind weiter.

Er stecke die Finger in alle Ritzen und Ecken, fand Zigaretten und Korken, die er mit gleichgültiger Verachtung strafte. Als er aber in einer Falte der Fußmatte eine halbgerauchte Zigarre entdeckte, zermalmte er sie unter dem Absatz mit einem derben Fluch. Er durchforstete das Zimmer von Wand zu Wand, fand trostlose, unwürdige kleine Zeichen so mancher Durchreisender. Aber von ihr – von der, die er suchte und die hier gelebt haben mochte, von der, deren Geist hier zu schweben schien – fand er keine Spur.

Dann dachte er an die Hauswirtin.

Er rannte aus dem Geisterzimmer hinaus und die Treppe hinunter. Unter einer Tür sah er Licht und klopfte. Die Wirtin erschien. Er versuchte nach Kräften, seiner Aufregung Herr zu werden.

»Sagen Sie, Ma'am«, bat er sie, »wer hat früher in dem Zimmer gewohnt, das ich jetzt miete?«

»Das hab ich doch schon, Sir. Aber ich kann es gerne noch einmal sagen. Sprowls und Mooney waren das. Miss Beretta Sprowls hieß sie am Theater, aber sie war eine Mrs Mooney, jawohl. Ich führe hier ein seriöses Haus, das wissen alle. Die Heiratsurkunde hat schön gerahmt an einem Nagel –«

»Was war Miss Sprowls denn für eine Frau – ich meine, wie sah sie aus?«

»Na, so eine kleine mollige, mit schwarzem Haar und so einem amüsanten Gesicht. Vor einer Woche am Dienstag sind sie ausgezogen.«

»Und davor?«

»Ja nun, da war ein Herr, der war im Kutschergeschäft tätig. Hat sich davongemacht, eine Woche unbezahlt. Und davor die Mrs Crowder mit den zwei Kleinen, die waren vier Monate lang da, und davor dann der alte Mr Doyle, für den haben seine Söhne gezahlt. Sechs Monate lang hat er das Zimmer gemietet. Damit hätten wir ein Jahr, Sir; weiter weiß ich auch nicht mehr.«

Er dankte ihr und schlich sich in das Zimmer zurück. Es war tot. Die Essenz, die es belebt hatte, war verschwunden. Statt nach Reseda roch es nur noch nach muffigen Möbeln, nach Schimmel und Lagerhaus.

Diese verebbte Hoffnung hatte allen Glauben aus ihm gesogen. Er sank auf einen Stuhl und starrte ins summende gelbe Gaslicht. Bald stand er entschlossen auf, ging zum Bett und begann, die Laken in Streifen zu reißen. Mit der Klinge seines Taschenmessers stopfte er sie tief in jeden Spalt rund um die Fenster und die Tür. Als kein Lüftchen mehr entweichen konnte, drehte er das Gas zur vollen Stärke auf und legte sich dankbar aufs Bett.

***

Mit dem Bierholen war diesmal Mrs McCool dran. Sie brachte eine gut gefüllte Kanne und nahm neben Mrs Purdy in einer der unterirdischen Höhlen Platz, wo sich Hauswirtinnen versammeln und wo der Wurm nicht stirbt und das Feuer nicht verlöscht.

»Hab das Zimmer hinten im zweiten Stock vermietet«, verkündete Mrs Purdy über eine feine Schaumkrone hinweg. »An einen jungen Mann. Der ist schon vor zwei Stunden zu Bett gegangen.«

»Na, so was aber auch, Mrs Purdy!«, sagte Mrs McCool bewundernd. »Dass Sie das hinkriegen, so ein Zimmer loszuwerden!« Dann flüsterte sie dunkel und heiser: »Haben Sie's ihm denn gesagt?«

»Möblierte Zimmer«, erwiderte Mrs Purdy mit ihrer pelzigsten Stimme, »sind zum Vermieten da. Ich habe ihm nichts gesagt, Mrs McCool.«

»Da haben Sie recht, Ma'am, das Vermieten ist ja unser täglich Brot. Da haben Sie richtig Gespür fürs Geschäft! Die Leute, die wollen ein Zimmer ja nicht mieten, wenn einer drin gestorben, und dann noch Selbstmord, und im Bett …«

»Wie Sie ganz richtig sagen, es ist unser täglich Brot.«

»Ja, Ma'am, wo Sie recht haben, haben Sie recht! Die Leiche von der aus dem dritten hab ich ja erst letzte Woche zurechtmachen geholfen. So ein hübsches Mädchen auch, ein richtig süßes Gesichtchen – dass so eine sich mit dem Gas umbringt!«

»Einigermaßen hübsch war sie ja schon, ganz wie Sie sagen«, pflichtete Mrs Purdy bei, fügte aber sogleich kritisch hinzu, »aber sie hatte da dieses Muttermal an der linken Braue … Gießen Sie sich ruhig nach, Mrs McCool, keine Scheu.«

# Der Cop und der Choral

Unbehaglich regte sich Soapy auf seiner Bank im Madison Square. Wenn des Nachts der hohe Ruf der Wildgänse ertönt, und wenn Frauen, die noch keinen Robbenfellmantel haben, besonders nett zu ihren Männern werden, und wenn Soapy sich unbehaglich auf seiner Bank im Park regt, weiß man: Der Winter ist nahe.

Ein totes Blatt fiel Soapy in den Schoß – Jack Frosts Visitenkarte. Jack, der Geist des Winters, ist gütig zu denen, die hier im Park leben, und warnt sie stets im Voraus über sein Kommen. An allen Ecken übergibt er seine Kärtchen an den Nordwind, den Diener des Anwesens »Unter freiem Himmel«, damit seine Bewohner sich auf den Besuch vorbereiten können.

Soapy wurde klar, dass der gesamte Haushaltsausschuss seines Verstandes sich darauf konzentrieren musste, für die harten Zeiten vorzusorgen. Und so regte er sich unbehaglich auf seiner Bank.

Was den saisonalen Domizilwechsel anbelangte, so waren seine Ansprüche nicht zu hoch. Fern waren sie von Mittelmeerkreuzfahrten und der süßen Muße des südlichen Himmels über der Bucht von Neapel. Drei Monate auf Blackwell's Island: Das war es, wonach sich seine Seele sehnte. Drei Monate Übernachtung mit gesicherter Vollpension und sympathischer Gesellschaft, vor Boreas und Bütteln gleichermaßen sicher – alle Wünsche Soapys wären damit aufs Angenehmste erfüllt.

Jahrelang war das gastfreundliche Gefängnis auf der Insel im East River sein Winterquartier gewesen. So wie die wohlsituierten New Yorker jeden Dezember Fahrkarten nach Palm Beach und an die Riviera kauften, so traf auch Soapy jährlich seine bescheidenen Vorkehrungen für die Pilgerschaft auf die Insel. Nun war es wieder an der Zeit. In der Nacht hatten drei Sonntagszeitungen – eine unter dem Mantel ausgelegt, eine um die Knöchel gewickelt und eine über dem Schoß verteilt – die Kälte nicht abwehren können, als er auf seiner Bank am sprudelnden Brunnen schlief. Und somit baute sich die Insel in ihrer ganzen Größe und Dringlichkeit in Soapys Gedanken auf. Die Vorkehrungen, die New York im Namen der Nächstenliebe für die Bedürftigen traf, strafte Soapy mit Verachtung. Das Gesetz fand er gütiger als die Philanthropie. Es gab Institutionen ohne Zahl, ob munizipal oder mildtätig, bei denen er Unterkunft und Nahrung hätte erbitten können, die für bescheidene Ansprüche genügten. Aber für einen stolzen Geist wie Soapy hat Wohltätigkeit einen faden Beigeschmack. Denn philanthropische Gaben wollen stets bezahlt werden, wenn nicht mit Geld, so doch mit Demütigung. Wie Cäsar seinen Brutus erleiden musste, hat man für jede karitative Übernachtung und jeden geschenkten Laib etwas zu erleiden, sei es ein Bad oder eine inquisitorische Befragung nach Privatem und Persönlichem. Aus ebendiesem Grunde ist es vorzuziehen, Gast des Gesetzes zu sein; dieses folgt zwar seinen eigenen Regeln, involviert sich jedoch nicht ungebührlich in die Privatangelegenheiten eines Gentlemans.

Soapy entschied sich also für die Insel – und machte sich sogleich daran, diesen Wunsch zu verwirklichen. Dafür gab es viele unkomplizierte Mittel. Der angenehmste Weg war, luxuriös in einem teuren Restaurant zu speisen, dann die eigene Zahlungsunfähigkeit zu erklären und in aller Ruhe, ganz ohne Aufsehen, einem Polizisten übergeben zu werden. Den Rest würde ein entgegenkommender Richter erledigen.

Und so verließ Soapy seine Bank auf dem Madison Square und schlenderte über das wellenlose Asphaltmeer, wo Broadway und Fifth Avenue sich kreuzen. Er ging den Broadway hinauf und blieb vor einem glitzernden Restaurant stehen, wo allabendlich die erlesensten Produkte der Traube, der Seidenraupe und des Protoplasmas aufeinandertrafen.

Soapy hatte Vertrauen in sein Äußeres vom untersten Knopf der Weste aufwärts. Er war rasiert, trug einen anständigen Mantel und eine ordentliche vorgebundene schwarze Krawatte, das Geschenk einer Missionarin zu Thanksgiving. Er brauchte nur unverdächtigt einen Tisch zu erreichen, und Erfolg war ihm garantiert. Das über dem Tisch Sichtbare würde keinen Kellner stutzig machen. Ein Entenbraten, dachte Soapy, das wäre recht, eine Flasche Chablis dazu – dann Camembert, ein Tässchen Mokka und eine Zigarre. Keine allzu teure; ein Dollar, nicht mehr. Die Gesamtsumme würde nicht hoch genug sein, um das Management zu übermäßiger Vergeltung zu bewegen; und doch würde er nach dem Essen satt und glücklich zu seinem Winterrefugium gelangen.

Doch sobald Soapy das Restaurant betrat, fiel der Blick des Oberkellners auf seine ausgefranste Hose und die verkommenen Schuhe. Kräftige Hände drehten ihn um, beförderten ihn ebenso still wie schnell auf den Bürgersteig und ersparten der Ente ein schändliches Schicksal.

Soapy bog vom Broadway ab. Der hedonistische Weg auf die begehrte Insel wurde ihm verwehrt. Er würde also einen anderen einschlagen müssen.

An einer Ecke der Sixth Avenue bestrahlte elektrisches Licht raffiniert ausgestellte Waren im Schaufenster. Soapy nahm einen Pflasterstein und schleuderte ihn durch das Glas. Sogleich kamen jede Menge Menschen um die Ecke gerannt, angeführt von einem Ordnungshüter. Soapy stand da, die Hände in den Taschen, und lächelte beim Anblick der Messingknöpfe auf der Uniform.

»Wer war das?«, rief der Ordnungshüter.

»Ob ich wohl etwas damit zu tun haben könnte?«, erkundigte sich Soapy – nicht ohne Sarkasmus, doch freundlich, begrüßte er doch gerade sein Glück.

Der Polizist aber weigerte sich, Soapy als möglichen Täter auch nur in Betracht zu ziehen. Wer Fensterscheiben einschlägt, bleibt nicht stehen, um mit den Schergen des Gesetzes zu plaudern; wer Fensterscheiben einschlägt, macht sich aus dem Staub. Schon erblickte der Polizist einen halben Block weiter einen Mann, der einer abfahrenden Tram nachrannte, und nahm mit gezücktem Knüppel die Verfolgung auf. Soapy schleppte sich weiter, sein Misserfolg nun verdoppelt und sein Herz voller Abscheu.

Auf der anderen Straßenseite lag ein schlichtes Lokal für den großen Hunger und das kleine Portemonnaie. Die Luft und das Geschirr waren dick, die Suppen und die Tischdecken dünn. Dieses Lokal betrat Soapy mit seinen anstößigen Schuhen und verräterischer Hose nun ungehindert. Er setzte sich an einen Tisch und verzehrte ein Beefsteak, Pancakes, Doughnuts und Pies. Anschießend verkündete er dem Kellner, dass er nicht einmal mit der kleinsten Münze Bekanntschaft führte.

»Jetzt rufen Sie lieber mal schnell einen Cop«, sagte Soapy. »Lassen Sie einen Gentleman nicht warten.«

»Ach was, Cop, das schaffen wir schon selbst«, sagte der Kellner, die Stimme wie Butterkuchen und der Blick wie die Kirsche in einem Manhattan-Cocktail. »Hey, Con!«

Soapy landete auf dem linken Ohr, von zwei Kellnern auf den gnadenlosen Asphalt befördert. Wie ein Zollstock, ein Gelenk nach dem anderen, klappte er sich auf und klopfte sich den Staub von der Kleidung. Die Festnahme war nur ein rosiger Traum, die Insel schien unendlich weit weg. Ein Polizist, der zwei Türen weiter vor einer Drogerie gestanden hatte, lachte und ging weiter.

Fünf Häuserblocks legte Soapy zurück, bevor er wieder den Mut fasste, um Festnahme zu werben. Diesmal bot sich eine Gelegenheit, die er törichterweise für eine sichere Sache hielt. Eine sittsam, aber ansprechend aussehende junge Frau stand vor einem Schaufenster und betrachtete mit lebhaftem Interesse die Auslage von Rasierbechern und Tintenfässern. Zwei Yards weiter lehnte ein großer Polizist mit strenger Miene an einem Hydranten.

Wenn ich eine respektable Dame auf der Straße bedränge, dachte sich Soapy, sind mir Schmäh, Schande und Verhaftung garantiert. Das potenzielle Opfer war so fein und elegant, der offenkundig pflichtbewusste Polizist so nah – all das versicherte ihm, er würde in wenigen Augenblicken die behaglich offizielle Hand an seiner Schulter spüren. Das Winterquartier auf der kleinen, der feinen, der seinen Insel wäre damit gesichert.

Soapy richtete die Missionarinnenkrawatte, zerrte seine scheuen Manschetten ans Licht, schob sich den Hut schnittig in den Nacken und schlich sich an die junge Frau. Er machte ihr schöne Augen, hüstelte sich an sie heran, grinste, feixte und vollführte das gesamte unverschämte Repertoire des Schürzenjägers. Aus dem Augenwinkel sah er, dass der Polizist den Blick nicht von ihm ließ. Die junge Frau ging ein paar Schritte zur Seite und vertiefte sich wieder in die Ansicht der Rasierbecher. Soapy folgte, trat verwegen auf sie zu, hob seinen Hut an und sagte:

»Na, Sahneschnitte! Wollen wir mal in meinem Garten spielen?«

Der Polizist schaute immer noch zu ihnen. Die bedrängte junge Frau brauchte nur einen Finger zu rühren, und sogleich wäre Soapy auf dem Weg zu seinem insularen Zufluchtsort. Schon konnte er die wohlige Wärme der Polizeiwache nahezu spüren ... Die Frau drehte sich zu ihm, streckte die Hand aus und schnappte ihn bei dem Ärmel.

»Sicher, Hübscher«, sagte sie beschwingt, »wenn du mir ein Gläschen Gerstensaft spendierst! Ich hätte dich längst selbst angequatscht, aber der Cop da glotzt die ganze Zeit.«

Von der jungen Frau wie eine Eiche von der Kletterranke umschmiegt, schleppte sich Soapy schwermütig an dem Polizisten vorbei. Offenbar war er zur Freiheit verdammt.

An der nächsten Ecke schüttelte er seine Begleiterin ab und rannte, bis er das Viertel erreichte, wo abends die Bekleidung, Unterhaltung, Musik und Liebesschwüre am leichtesten und am leichtfertigsten waren. Bepelzte Damen und bemäntelte Herren schwärmten vergnügt in der Winterluft. Inzwischen fragte sich Soapy voller Bange, ob nicht irgendein furchtbares Hexenwerk ihn unverhaftbar gemacht hatte. Dieser Gedanke versetzte ihn geradezu in Panik, und als er vor einem prächtigen Theater wieder eine würdevolle Polizistenfigur erblickte, schnappte er nach dem Strohhalm der Ruhestörung.

Er baute sich auf dem Bürgersteig auf und begann, lautstark zu brüllen und zu grölen, als wäre er sturzbetrunken. Er tanzte, tobte, heulte wie ein Hund und störte auf jedwede Art den himmlischen Frieden.

Der Polizist wirbelte seinen Knüppel herum, drehte Soapy den Rücken zu und wandte sich redselig an einen Passanten: »Das wird einer von den Jungs aus

Yale sein. Die haben gerade gegen Hartford College haushoch gewonnen, zu null, da feiern sie eben. Ein bisschen laut, tun aber keinem was. Wir sollen sie gewähren lassen.«

Untröstlich ließ Soapy ab von seinem vergeblichen Getöse. Würde denn nie ein Polizist Hand an ihn legen? Die Insel schien ihm ein unerreichbares Arkadien. Der Wind erstarkte; Soapy knöpfte seinen fadenscheinigen Mantel zu.

In einem Tabakladen sah er einen gut gekleideten Mann, der sich an der Gaslampe eine Zigarre anzündete. Seinen seidenen Regenschirm hatte er beim Eintreten neben die Tür gestellt. Soapy trat ein, schnappte sich den Schirm und schlenderte mit ihm gemütlich davon. Der Mann mit der Zigarre rannte ihm nach.

»Mein Regenschirm«, sagte er streng.

»Ach was!«, höhnte Soapy, um seinem Bagatelldelikt sicherheitshalber noch Ehrverletzung beizufügen. »Tja, warum rufen Sie denn nicht die Polizei? Sieh mal einer an, seinen Regenschirm hab ich genommen! Na los, holen Sie doch einen Cop! Da steht einer an der Ecke.«

Der Besitzer des Regenschirms verhielt den Schritt. Soapy tat es ihm gleich. Es beschlich ihn die Vorahnung, das Glück würde ihm wieder nicht hold sein. Der Polizist sah die beiden neugierig an.

»Das heißt«, sagte der Mann, »wenn es – tja, Sie wissen doch, Verwechslungen kommen vor – ich, nun –

sollte es Ihr Regenschirm sein, bitte ich recht herzlich um Entschuldigung – ich habe ihn heute früh in einem Restaurant mitgenommen – wenn Sie ihn als Ihr Eigentum erkennen, also – ich hoffe, Sie sind mir nicht –«

»Natürlich ist er mein Eigentum!«, zischte Soapy gehässig.

Der somit des Regenschirms Entledigte räumte das Feld. Der Polizist eilte zu einer großen Blondine im Opernmantel, bestrebt, ihr über die Straße zu helfen, damit sie nicht etwa einer Straßenbahn zum Opfer fiel, die sich zwei Blocks entfernt näherte.

Soapy wanderte ostwärts über eine gravierend kaputtreparierte Straße. Hier schleuderte er den Regenschirm zornig in eine Baugrube. Halblaut verfluchte er sämtliche Helm- und Knüppelträger. Je mehr er in ihre Fänge geraten wollte, umso unantastbarer schien er zu werden.

Schließlich erreichte Soapy eine der Avenues im Osten, wo der Glitzer und das Getümmel abebbten. Von hier aus wanderte er in Richtung Madison Square; denn der Instinkt, der einen heimwärts treibt, wirkt selbst, wenn dieses Heim eine Parkbank ist.

Doch dann blieb Soapy an einer ungewöhnlich ruhigen Ecke stehen. Er sah eine alte Kirche, malerisch und giebelig und verwinkelt. Durch ein violettes Bleiglasfenster strömte sanftes Licht heraus. Dort schärfte wohl der Organist sein Können für den kommenden

Sonntagschoral: In Soapys Ohren drang liebliche Musik, und er blieb gebannt an den Windungen des Eisengitters stehen.

Hoch am Himmel schimmerte friedlich der Mond; kaum jemand ging oder fuhr vorbei; Spatzen zwitscherten schläfrig in den Traufen – als wäre Soapy in einem Kirchhof auf dem Lande. Und das Kirchenlied, das die Orgel da spielte, schmiedete ihn ans Gitter, denn er hatte diesen Choral früher oft gehört – in Zeiten, als es in seinem Leben noch Dinge gab wie Mütter und Rosen und Träume und Freunde und schneeweiße Gedanken und Kragen.

Soapy war ohnehin in einer empfindsamen Stimmung; und die Musik und alles um diese Kirche schuf auf einmal eine wunderbare Verwandlung in seiner Seele. Mit jähem Entsetzen sah er den Abgrund, in den er gestürzt war, sah die düsteren Tage, unwürdigen Wünsche, erwürgten Hoffnungen, zertrümmerten Talente und niederen Motive, die seine Existenz ausmachten.

Und schon hob sich sein Herz dieser neuen Stimmung entgegen. Sogleich verspürte er die stärkste Regung, gegen seine desolate Lage anzukämpfen. Er würde sich aus diesem Morast ziehen; er würde wieder ein Mensch werden; er würde das Böse besiegen, das sich seiner bemächtigt hatte! Er hatte Zeit, er war noch recht jung; ja, er würde seine alten Bestrebungen und

Träume wieder aufleben lassen und sie unermüdlich verfolgen. Diese Orgeltöne, so feierlich und doch so lieblich, hatten in ihm einen Umsturz ausgelöst. Morgen würde er sich in die stürmische City begeben und Arbeit finden. Ein Pelzimporteur hatte ihm einmal eine Stelle als Fahrer angeboten … Er würde ihn morgen aufsuchen und um diese Stelle bitten. Er würde jemand sein in der Welt. Er würde –

Da spürte Soapy eine Hand auf seinem Arm. Rasch drehte er sich um und sah in das breite Gesicht eines Polizisten.

»Was treibst du denn hier?«, fragte der Polizist.

»Nichts«, sagte Soapy.

»Na, dann komm mal mit.«

»Drei Monate auf der Insel«, hieß es am nächsten Morgen im Polizeigericht.

# Per Kurier

Bis auf die junge Dame war der Park zu dieser Jahres- und Tageszeit menschenleer; sie hatte wohl aus einer spontanen Regung heraus auf der Bank Platz genommen, um eine Weile den Vorgeschmack des Frühlings zu genießen.

Da saß sie, nachdenklich und still. In ihren Zügen lag eine gewisse Melancholie, die jüngeren Ursprungs schien, denn sie hatte die feinen Umrisse ihrer Wangen noch nicht verändert, den schelmischen und doch entschlossenen Bogen ihrer Lippen nicht gezähmt.

Ein hochgeschossener junger Mann kam energischen Schrittes in den Park; der Pfad, den er eingeschlagen hatte, führte an ihrer Bank vorbei. Hinter ihm schleppte ein Junge einen Koffer her. Beim Anblick der Dame errötete der junge Mann, nur um sogleich wieder bleich zu werden. Während er näher kam, schaute er zu ihr, und in seinem Blick mischten sich Bangen und Hoffen. Schließlich ging er an der Bank vorbei, nur wenige Schritte von der jungen Dame entfernt, wobei es ihm schien, als hätte sie seine Existenz gar nicht wahrgenommen.

Etwa fünfzig Yard weiter blieb er abrupt stehen und setzte sich ebenfalls auf eine Bank. Sein Begleiter ließ den Koffer fallen und schaute ihn mit gewitzten Augen fragend an. Der junge Mann holte ein Taschentuch hervor und wischte sich die Stirn ab. Das Taschentuch war schön, die Stirn ebenfalls, und auch insgesamt war der junge Mann schön anzusehen. Er sprach zu dem Jungen:

»Ich möchte, dass du der jungen Dame auf der Bank eine Nachricht überbringst. Sag ihr, dass ich auf dem Weg zum Bahnhof bin, und dann weiter nach San Francisco, wo ich mich einer Expedition nach Alaska anzuschließen und Elche zu jagen gedenke. Sag ihr: Da sie mir geboten hat, weder zu ihr zu sprechen noch zu schreiben, appelliere ich auf diese Weise ein letztes Mal an ihre Gerechtigkeit, um all dessen willen, was zwischen uns gewesen ist. Sag ihr, einen Menschen unverdienterweise zu verurteilen und zu verwerfen, ohne ihm die Gründe zu nennen und ihn sich erklären zu lassen, widerspreche meinem Eindruck von ihrem Naturell. Sag ihr, ich verweigere ihren Anordnungen zu einem gewissen Grad den Gehorsam, doch nur, weil ich zu hoffen wage, sie könnte doch geneigt sein, Gerechtigkeit walten zu lassen. Geh hin und sag ihr das.«

Er ließ einen halben Dollar in die Hand des Jungen fallen. Einen Moment lang blickten ihn die klaren Augen aus dem schmuddeligen Gesicht scharfsinnig an; dann rannte der Junge los. Etwas skeptisch, doch ohne Verlegenheit näherte er sich der Dame und berührte die Krempe der alten karierten Fahrradkappe, die auf seinem Hinterkopf saß. Die Dame schaute ihn ruhig an; in ihrem Blick lag weder Vorurteil noch Gunst.

»Lady«, sagte er, »der auf der Bank da drüben schickt mich mit nem ganzen Trara zu Ihnen. Wenn Sie den nicht kennen, und er sich an Sie ranmachen will, brauchen Sie es mir nur sagen, dann hol ich direkt nen Cop. Wenn doch, dann kann ich ja den ganzen Affentanz runterleiern.«

Das Gesicht der jungen Dame verriet einen Hauch von Interesse.

»Ein Affentanz«, sagte sie mit betont lieblicher Stimme, die ihre Worte in ein luftiges Gewand aus ungreifbarer Ironie kleidete. »Und eine Leier dazu! Das ist mal etwas Neues; in der Minnesänger-Tradition, nehme ich an. Ich pflegte mit dem Gentleman, der dich schickt, tatsächlich zu verkehren. Somit wird es kaum nötig sein, die Polizei zu rufen. Den besagten Affentanz darfst du gerne vorführen, falls dabei aber musiziert werden soll, dann bitte nicht zu laut. Es ist noch etwas früh am Morgen für Freiluft-Varieté; wir könnten Aufmerksamkeit erregen.«

»Ach was«, sagte der Junge, und mit seinen Achseln zuckte sein ganzer Körper, »Sie wissen schon, was ich meine, Lady. Gibt keine Affen und kein Tanzen, nur jede Menge heiße Luft. Der sagt, der hat sein ganzes Zeugs eingekoffert und zischt ab nach Frisco, und dann Richtung Klondike, Schneevögel schießen oder so. Er soll Ihnen ja keine Liebesbriefchen schicken und nicht vorm Gartentor rumhängen, da will er Sie eben so ins Bild setzen. Er sagt, auf einmal ist er mir nichts dir nichts weg vom Fenster und kriegt keine Chance, sich reinzuwaschen. Hat nen Korb bekommen und weiß nicht mal wieso.«

Der Funke von Interesse in den Augen der jungen Dame leuchtete immer noch. Vielleicht lag dies daran, wie originell oder auch wie unverschämt der künftige Schneetaubenjäger ihr ausdrückliches Kommunikationsverbot umgangen hatte. Sie richtete den Blick auf eine Statue, die trostlos in dem zerzausten Park stand, und sagte in den Fernsprecher:

»Richte dem Gentleman aus, dass ich keinen Sinn darin sehe, ihm meine Ideale erneut darzulegen. Er kennt sie und weiß, dass sie sich nicht geändert haben. Was diesen Fall betrifft, haben absolute Ehrlichkeit und Treue für mich die allerhöchste Bedeutung. Sag ihm, ich habe tief in mein Herz geblickt; ich weiß, was es braucht und wann es schwach wird. Deshalb will ich mir nicht anhören, was er sagen zu müssen glaubt. Es schien mir unnötig, die Anklage zu formulieren, weil mein Urteil weder auf Hörensagen noch auf ambivalenten Indizien beruht. Aber wenn er darauf beharrt, zu hören, was er doch schon weiß, soll es so sein.

Sag ihm, ich habe an jenem Abend den Wintergarten durch den Hintereingang betreten, um eine Rose für meine Mutter zu holen. Sag ihm, ich habe ihn und Miss Ashburton unter dem Oleander gesehen. Ein imposantes Tableau gaben sie ab, eine ganz und gar eindeutige Konstellation. Als ich aus dem Wintergarten ging, ließ ich nicht nur die Rose zurück, sondern auch mein Ideal. Das kannst du deinem Impresario vortanzen.«

»Ein Wort schnalle ich nicht, Lady: Konstella-was? Das müssen Sie mir erklärn, ja?«

»Konstellation. In diesem Fall spreche ich von physischer Nähe, ja geradezu Intimität, die sich einer, der mein Ideal bleiben möchte, niemals erlauben würde.«

Der Kies flog zu allen Seiten. An der anderen Bank bremste der Bote; seine Augen leuchteten mit dem unpersönlichen Eifer des Übersetzers, als sie den begierigen Blick des jungen Mannes trafen.

»Die Lady sagt, sie weiß schon, wie der Hase läuft: Ein Mädchen wird schnell schwach, wenn da einer kommt mit Wiedergutmacherei und Lügenmärchen. Da will sie sich gar nicht erst einseifen lassen. Sie hats selbst gesehen: Sie im Gewächshaus, Blümchen pflücken, und dann wird da gefummelt, was das Zeug hält. Ein hübsches Bild war das, sagt sie, so richtig übel. Also sollen Sie die Beine in die Hand nehmen, dass Sie noch den Zug kriegen.«

Der junge Mann gab einen leisen Pfiff von sich; seine Miene erhellte sich. Er griff in die Manteltasche und zog eine Handvoll Briefe ans Licht. Einen davon reichte er dem Jungen, zusammen mit einem Silberdollar aus seiner Westentasche.

»Gib ihr diesen Brief«, sagte er, »und bitte sie, ihn zu lesen. Sag ihr, er wird alles erklären. Und sag ihr auch, dass uns beiden viel Leid erspart geblieben wäre, wenn ihr Idealismus mit etwas Vertrauen einherginge. Sag ihr: Die Treue, die ihr so viel bedeutet, ist niemals ins Wanken geraten. Sag ihr, dass ich auf eine Antwort warte.«

Schon stand der Bote wieder vor der jungen Dame.

»Der sagt, Sie haben ihn ohne Grund und nix abblitzen lassen. Der tut keinen anderen Ladys nachlaufen. Sie müssen nur den Zettel hier lesen, dann sehen Sie schon – er ist schwer in Ordnung.«

Mit sichtlichem Zweifel entfaltete die Dame den Brief. Sie las:

Lieber Herr Dr. Arnold,

ich danke Ihnen herzlich für die liebenswürdige und so rechtzeitige Hilfe, die Sie meiner Tochter bei

Mrs. Waldrons Empfang letzten Freitagabend geleistet haben, als ihr altbekanntes Herzleiden sie im Wintergarten überkam. Wären Sie nicht rechtzeitig zur Stelle gewesen, um sie in ihrer Ohnmacht aufzufangen und sich ihrer anzunehmen, hätten wir sie verlieren können. Ich hoffe sehr, dass Sie uns demnächst aufsuchen und ihre Behandlung übernehmen können.

Mit dankbaren Grüßen
Robert Ashburton

Sie faltete den Brief wieder zusammen und reichte ihn dem Jungen.

»Der da will ne Antwort«, sprach der Bote. »Was soll ich ihm sagen?«

Die Augen der jungen Frau leuchteten ihm feucht entgegen.

»Sag dem da« – sie lachte erlöst – »sag ihm, die Lady will ihn zurück.«

# Nach zwanzig Jahren

Der Streifenpolizist schritt imposant die Avenue entlang. Die Imposanz war Gewohnheit und nicht gespielt; Zuschauer gab es ohnehin kaum. Es war gerade erst zehn Uhr abends, aber kalte Windböen mit einem Hauch von Regen hatten ihr Bestes getan, die Straßen zu entvölkern.

Ein schönes Bild eines Ordnungshüters gab er ab, wie er da einherstolzierte, robust und kräftig, wie er die Haustüren überprüfte, kunstvoll seinen Knüppel wirbeln ließ und wachsam die friedliche Straße besah. In dieser Gegend ging man mit den Hühnern schlafen. Hier und da sah man das Licht eines Zigarrenladens oder eines Nachtbistros, aber die Türen der meisten Geschäfte waren längst geschlossen.

In der Mitte eines der Häuserblocks verhielt der Polizist den Schritt. Im Eingang eines dunklen Eisenwarenladens stand ein Mann mit unangezündeter Zigarre im Mundwinkel. Als er den Polizisten auf sich zukommen sah, begann er sogleich, sich zu erklären.

»Alles in Ordnung hier, Officer«, versicherte er. »Ich warte nur auf einen Freund. Wir haben uns nämlich vor zwanzig Jahren verabredet. Klingt faul, was? Tja, ich kanns gerne erklären, damit Sie auch sicher sind, dass hier alles mit rechten Dingen zugeht. Damals stand hier ein Restaurant, wo jetzt dieser Laden ist – das Big Joe Brady's.«

»Stimmt«, bestätigte der Polizist, »es wurde vor fünf Jahren abgerissen.«

Der Mann in der Tür zündete ein Streichholz an, und dann seine Zigarre. In ihrem Licht erschien ein blasses Gesicht mit kantigem Kinn, wachen Augen und einer kleinen Narbe an der rechten Braue. In der Krawattennadel schimmerte ein großer, auffällig gefasster Diamant.

»Vor genau zwanzig Jahren«, sagte der Mann, »war ich hier im Big Joe Brady's mit Jimmy Wells essen. Mein bester Kumpel war das, und überhaupt der beste Bursche der Welt. Wir sind beide hier in New York aufgewachsen, wie Brüder, immer zusammen. Ich war damals achtzehn, und Jimmy zwanzig. Am nächsten Morgen wollte ich in den Westen aufbrechen, um mein Glück zu machen. Aber Jimmy konnte sein geliebtes New York nicht verlassen, nicht für alles Gold der Welt. Da haben wir eben ausgemacht, dass wir uns hier genau zwanzig Jahre später wiedersehen – egal, wie es gerade steht und geht und wie lange wir bis hierher brauchen. Wir dachten uns, in zwanzig Jahren haben wir beide unseren Weg gemacht, welchen auch immer.«

»Klingt spannend«, sagte der Polizist. »Aber das ist schon eine ganze Weile zwischen den Treffen. Haben Sie denn in der Zwischenzeit von Ihrem Freund gehört?«

»Tja, eine Zeit lang gingen Briefe hin und her; und dann, nach ein paar Jahren, haben wir uns aus den Augen verloren. Der Westen ist ja eine Riesensache, und ich war so ziemlich überall unterwegs ... Aber wenn Jimmy noch lebt, dann kommt er, das weiß ich! Er war immer treu wie Gold. Er wirds nicht vergessen haben. Ich bin tausend Meilen gereist, um in dieser Tür hier zu stehen, und das war keine Meile zu viel, wenn ich meinen alten Freund wiedersehe.«

Er holte eine stattliche Taschenuhr heraus: kleine Diamanten blitzten im Deckel auf.

»Drei vor zehn«, sagte er. »Damals hatten wir uns um Punkt zehn vorm Restaurant verabschiedet.«

»Sie haben im Westen tatsächlich Ihr Glück gemacht, was?«, fragte der Polizist.

»Und wie! Ich hoffe, Jimmy gehts auch nur halb so gut. Er war immer ein bisschen brav und bieder, der Gute. Ich musste mich mit den klügsten Köpfen in Amerika messen, um meinen Teil abzukriegen. In New York gehts immer im gleichen Trott. Um das Rennen zu machen, muss man schon in den Westen.«

Der Polizist ließ seinen Knüppel wirbeln und trat ein paar Schritte zurück.

»Ich geh dann mal. Hoffentlich kommt Ihr Freund auch wirklich. Sie warten noch eine Weile auf ihn?«

»Aber klar doch! Eine halbe Stunde kriegt er auf jeden Fall. Wenn Jimmy noch lebt, ist er bis halb elf da. Wiedersehen, Officer.«

»Gute Nacht, Sir«, sagte der Polizist und machte sich wieder auf den Weg.

Inzwischen fiel ein kalter Nieselregen, und der Wind pustete nicht mehr, sondern blies mit aller Kraft. Die wenigen Fußgänger eilten wort- und trostlos vorbei, die Mantelkragen hochgeschlagen, die Hände in den Taschen. Und in der Tür des Eisenwarenladens stand der Mann, der tausend Meilen gereist war, um eine äußerst unsichere Verabredung mit einem Jugendfreund einzuhalten. Er rauchte seine Zigarre und wartete.

Etwa zwanzig Minuten später eilte ein großgewachsener Mann von der anderen Straßenseite auf ihn zu. Den Kragen seines langen Mantels hatte er bis zu den Ohren hochgeklappt.

»Bist du das, Bob?«, fragte er zweifelnd.

»Bist du das, Jimmy Wells?«, rief der Mann in der Tür.

»Mensch!«, der Neuankömmling umfasste seine Hände. »Bob, das bist du ja wirklich! Ich war sicher, dass du kommst, wenn du noch lebst. So ein Ding, so ein Ding aber auch! Zwanzig Jahre sind eine ganz schön lange Zeit. Das alte Lokal ist weg, Bob; schade, sonst könnten wir dort essen, wie damals! Na, wie war der Westen zu dir, alter Knabe?«

»Hochkarätig! Hat mir alles gegeben, was ich wollte. Du, Jimmy, du hast dich aber verändert. Warst du nicht ein paar Zoll kleiner?«

»Ich bin in meinen Zwanzigern noch ein bisschen gewachsen.«

»Hast du es in New York denn zu was gebracht, Jimmy?«

»Einigermaßen. Ich arbeite für die Stadt. Komm, Bob, ich kenne hier eine Kneipe – da können wir es uns gemütlich machen und über die guten alten Zeiten plaudern.«

Und die beiden liefen Arm in Arm los. Der Mann aus dem Westen, seine Selbstliebe vom Erfolg genährt, umriss genüsslich die Geschichte seiner Karriere. Der andere lauschte mit sichtlichem Interesse aus den Tiefen seines Mantels.

An der Ecke badete eine Drogerie in elektrischem Licht. In ihrem grellen Schein drehten sich die beiden gleichzeitig zueinander.

Der Mann aus dem Westen blieb stehen und ließ den Arm des anderen los.

»Du bist nicht Jimmy Wells!«, fauchte er. »Zwanzig Jahre sind eine lange Zeit, aber auch nach zwanzig Jahren wird aus einem Römerprofil keine Stupsnase.«

»Manchmal wird nach zwanzig Jahren aus einem guten Mann ein schlechter«, sagte der Große. »Du bist seit zehn Minuten unter Arrest, Silky Bob. Man hat uns aus Chicago telegrafiert, dass du hier aufkreuzen könntest; die Polizei dort würde gern ein Wörtchen mit dir reden. Du kommst ohne Widerstand mit, nicht wahr? Ja, das ist vernünftig. Bevor wir zur Wache weitergehen, soll ich dir noch diesen Zettel geben. Hier am Schaufenster ist genug Licht zum Lesen. Er ist von Officer Wells.«

Der Mann aus dem Westen entfaltete den Zettel. Erst hielt er ihn ruhig, aber beim Lesen begann seine Hand zu zittern. Die Notiz war recht kurz:

»Bob, ich war rechtzeitig am vereinbarten Ort. Als du die Zigarre angezündet hast, habe ich in dir den Mann erkannt, den Chicago sucht. Irgendwie konnte ich es selbst nicht tun, also habe ich einen Kollegen in Zivil gebeten, zu übernehmen. Jimmy«

# Die grüne Tür

Nehmen wir einmal an, Sie schlendern nach dem Abendessen den Broadway hinunter und haben noch an die zehn Minuten Zeit für Ihre Zigarre, während Sie sich zwischen einer unterhaltsamen Tragödie und einer anspruchsvolleren Varieté-Show entscheiden. Da spüren Sie plötzlich eine Hand auf Ihrem Arm. Sie drehen sich um, und die Augen einer wunderschönen Frau leuchten Ihnen entgegen. Von russischen Zobeln umschmiegt und von Diamanten umschimmert, drückt sie Ihnen ein ofenheißes gebuttertes Brötchen in die Hand, holt blitzschnell eine winzige Schere heraus, knipst einen Knopf von Ihrem Mantel ab, haucht bedeutungsschwanger »Parallelogramm!« – nur dieses eine Wort – und eilt mit ängstlichen Schulterblicken eine Querstraße hinunter.

Das wäre pures Abenteuer. Würden Sie sich darauf einlassen? Nein, Sie doch nicht. Sie würden erröten; Sie würden betreten das Brötchen fallen lassen und weitergehen, verlegen am knopflosen Faden fummelnd. Das würden Sie tun – es sei denn, Sie gehören zu den wenigen mit wahrer Abenteuerlust gesegneten Geistern.

Wahre Abenteurer waren schon immer rar. Die meisten der schriftlich verewigten sind lediglich Geschäftsleute mit neuen Methoden. Sie waren hinter ihrem Ziel her – hinter heiligen Gralen, holden Damen, goldenen Vliesen, Kronen, Reichtümern und Ruhm. Der wahre Abenteurer aber zieht los ins Ungewisse, einem unbekannten Schicksal entgegen. Der Verlorene Sohn ist ein gutes Beispiel – als er sich auf den Weg nach Hause macht.

Halbabenteurer, mutig und prächtig allesamt, gab es viele; ob auf Kreuzzügen oder in Expresszügen, befeuern sie die Kunst der Geschichtsschreibung und das Handwerk des historischen Romans. Aber jeder von ihnen hatte einen Preis zu gewinnen, ein Hühnchen zu rupfen, einen Namen zu machen, ein Tor oder einen Gegner zu schießen – also waren es keine wahren Abenteurer.

In der Großstadt sind die Zwillingsschwestern Romantik und Abenteuerlust stets auf der Suche nach würdigen Verehrern. Während wir durch die Straßen streifen, spähen sie nach uns und fordern uns heraus in Dutzenden Gestalten. Einem plötzlichen Impuls folgend schauen wir auf – und erblicken im Fenster ein Gesicht, das in die Galerie unserer vertrautesten Portraits zu gehören scheint. In einem verschlafenen Sträßchen hören wir einen Angstschrei oder ein gequältes Stöhnen aus einem leeren, verschlossenen Haus. Statt an unserer Bordsteinkante setzt uns der Taxifahrer vor einer fremden Tür ab, die man uns lächelnd öffnet. Der Zufall lässt einen beschriebenen Zettel vom hohen Gitter zu unseren Füßen flattern. Wir sehen eine fremde Gestalt in der vorbeiziehenden Menschenmenge, unsere Blicke treffen sich und füllen sich sogleich mit Hass, Furcht oder Zärtlichkeit. Ein plötzlicher Regenschauer – und die Tochter des Vollmondes oder vielleicht die Cousine eines besonders hübschen Sternbildes sucht Zuflucht unter unserem Regenschirm. An jeder Ecke könnte ein Taschentuch fallen, eine Hand winken, ein Blick flehen – verloren und einsam, gewaltig und geheimnisvoll, gefährlich und ewig wechselhaft ruft überall das Abenteuer. Aber nur wenige von uns trauen sich, diesem Ruf zu folgen. Das Korsett der Konventionen hat uns stocksteif gemacht. Wir gehen weiter; und irgendwann, am Ende eines faden Lebens, wird uns klar, wie wenig Romantik es darin doch gegeben hatte – nur eine blasse Ehe oder zwei, ein im Tresor aufbewahrtes Seidenröschen, und dazu noch die lebenslange Fehde mit dem Dampfheizer.

Rudolf Steiner war ein wahrer Abenteurer. Selten war der Abend, an dem er nicht sein Mietzimmer verließ und sich auf die Suche nach dem Unerwarteten und Unerhörten machte. Stets, schien es ihm, lauerte das Spannendste um die Ecke. So willig war er, das Schicksal herauszufordern, dass er sich gelegentlich auf seltsamen Pfaden fand. Zweimal musste er auf der Polizeistation nächtigen; immer wieder fiel er gewitzten Trickbetrügern zum Opfer; einmal hatte ihn eine schmeichelhafte Verlockung das Portemonnaie und die Uhr gekostet. Doch mit unvermindertem Eifer griff er weiterhin jeden Handschuh auf, den ihm das Abenteuer unbekümmert hinwarf.

Eines Abends schlenderte Rudolf durch den älteren Teil der Stadt. Zwei Ströme von Menschen füllten die Bürgersteige – die Heimkehrenden und jene Rastlosen, die es von zu Hause wegzieht, zur trügerischen Gastfreundschaft der Abendtafel im tausend Kerzen starken Licht.

Der junge Abenteurer war von einem angenehmen Äußeren; wachsam und munter schritt er daher. Tagsüber arbeitete er als Verkäufer in einem Klaviergeschäft. Die Krawatte trug er durch einen Topasring gefädelt statt mit einer Nadel befestigt, und einmal hatte er an eine Zeitschrift geschrieben, *Junies Liebesprüfung* von Miss Libbey sei die Geschichte, die sein Leben am tiefsten geprägt hat.

Das Erste, was bei diesem Spaziergang sein Interesse und, zugegeben, ein mulmiges Gefühl erweckte, war das markerschütternde Klappern riesiger Zähne in einer Glaskiste auf dem Bürgersteig vor einem Restaurant; schon der nächste Blick offenbarte aber die elektrischen Lettern eines Zahnarztschildes hoch über der nächsten Tür. Ein riesiger Schwarzer in einem fantastischen Kostüm aus roter bestickter Jacke, gelben Hosen und Militärmütze verteilte Visitenkarten an jene der Vorübergehenden, die sie entgegenzunehmen geruhten.

Diese Werbemethode war Rudolf nichts Neues, und normalerweise ging er an dem Verteiler der zahnärztlichen Visitenkarten vorbei, ohne deren Vorrat zu verringern. Diesen Abend aber ließ ihm der Mann eine Karte so kunstvoll und geschickt in die Hand gleiten, dass er sie schmunzelnd behielt.

Ein paar Yard weiter warf er einen gleichgültigen Blick auf das Stück Pappe in seiner Hand – dann drehte er es überrascht um und betrachtete es eingehender. Eine Seite der Karte war leer; auf der anderen prangten drei Wörter, in Tinte geschrieben: »Die grüne Tür«. Dann, nur ein paar Schritte vor ihm, ließ ein Passant die Karte zu Boden segeln, die er ebenfalls gerade von dem Schwarzen bekommen hatte. Rudolf hob sie auf. Darauf standen der Name des Zahnarztes, die Adresse und das übliche Menü: Prothesen, Brücken, Kronen und trügerische Versprechungen von schmerzlosen Eingriffen.

Der abenteuerlustige Klavierverkäufer blieb nachdenklich an der Ecke stehen. Dann überquerte er die Straße, ging einen Block hinunter, überquerte sie noch einmal und schloss sich erneut dem Menschenstrom an. Scheinbar achtlos, ohne den Riesen auch nur eines Blickes zu würdigen, nahm er eine Karte entgegen. In einiger Entfernung verhielt er den Schritt, um sie zu begutachten. Auf der Karte stand »Die grüne Tür«, in der gleichen Handschrift wie vorhin. Vor und nach ihm ließen mehrere Passanten Karten zu Boden fallen. Sie landeten allesamt mit der weißen Seite nach oben. Rudolf drehte jede einzelne um: Jede bewarb dentale Annehmlichkeiten.

Selten musste die verschmitzte Elfe Abenteuer ihren treuen Bewunderer Rudolf Steiner zweimal rufen. Aber zweimal war es geschehen, und so machte sich der Ritter auf die Suche nach dem Gral.

Langsam ging Rudolf zurück zu dem riesenhaften Mann bei den klappernden Zähnen. Diesmal erhielt er im Vorbeigehen nichts. Trotz seiner grellen, albernen Kleidung legte der Äthiopier eine natürliche ungestüme Würde an den Tag, wie er dastand und die einen geschmeidig mit Karten ausstaffierte, die anderen vorbeiziehen ließ. Alle 30 Sekunden skandierte er etwas Gellendes und Unverständliches, als wäre er ein Schaffner oder ein großer Opernsänger. Nicht nur gab er Rudolf keine Karte; es schien dem Abenteurer auch, dass ihn die Augen aus dem glänzenden, wie aus Stein gemeißelten dunklen Gesicht kalt, fast verächtlich ansahen.

Dieser Blick mit seinem stillen Vorwurf der Unzulänglichkeit verwundete Rudolf zutiefst. Was auch immer die geheimnisvollen Worte auf den Karten bedeuten mochten, der Schwarze hatte ihn zweimal in der Menge auserkoren; nun schien er zu denken, Rudolf hätte nicht genug Geist oder Verstand, um sich auf das Mysterium einzulassen.

Abseits des Trubels begutachtete der junge Mann das Gebäude, in dem er sein Abenteuer zu finden hoffte. Fünf Stockwerke hoch ragte es in den Himmel. Im Untergeschoss befand sich ein kleines Restaurant. Das Geschäft im Erdgeschoss, anscheinend für Hüte und Pelzwaren, war geschlossen. In der ersten Etage verwiesen blinkende Buchstaben auf die Zahnarztpraxis. Darüber wetteiferte ein babylonisches Schildergewirr in ihren Lobpreisungen chiromantischer, modischer, musikalischer und medizinischer Dienstleistungen. Noch weiter oben verkündeten zugezogene Vorhänge und weiße Milchflaschen auf den Fensterbänken das Reich der Häuslichkeit.

Nachdem er sich auf diese Weise eine Übersicht verschafft hatte, ging Rudolf zügig die hohe, teppichbelegte Steintreppe hinauf in die dritte Etage. Hier blieb er stehen. Der Flur war von zwei schwachen Gaslampen beleuchtet, die eine weiter weg und rechts, die andere näher und links. Er schaute zu der einen, die näher war, und erblickte in ihrem fahlen Schein eine grüne Tür. Kurz zögerte er; dann sah er den äthiopischen Kartenjongleur höhnisch grinsen – also ging er geradewegs auf die grüne Tür zu und klopfte.

Ein paar Augenblicke lang blieb alles still. In Augenblicken wie diesen entscheidet sich das Schicksal des wahren Abenteuers. Was ihn hinter diesem grün gestrichenen Stück Holz nicht alles erwarten mochte! Eine Spielhölle; raffinierte Fallen gerissener Schurken; verliebte Schönheit auf der Suche nach Heldenmut; Gefahr, Tod, Liebe, Enttäuschung, Spott – all das könnte die Antwort auf sein verwegenes Klopfen sein.

Etwas raschelte leise hinter der Tür, und langsam ging sie auf. Dahinter stand eine sehr junge Frau, ja ein Mädchen, noch keine zwanzig Jahre alt. Ihr Gesicht war bleich, und sie schien unsicher auf den Beinen. Sie ließ den Knauf los – und schwankte. Ihre Hand griff ins Leere. Rudolf fing sie auf und legte sie auf das verblichene Sofa. Dann schloss er die Tür und blickte sich im Licht der flackernden Gaslampe um. Die Geschichte, die er in diesem reinlichen Zimmer las, war einfach und handelte von äußerster Armut.

Still lag das Mädchen da; sie war wohl ohnmächtig. Rudolf sah sich aufgeregt um. War irgendwo im Zimmer ein Fass? Man muss die Person über ein Fass legen und – aber nein, das galt doch für Ertrunkene.

Er begann, das Mädchen mit seinem Hut zu fächern, und hatte damit auch Erfolg – als er mit der Krempe ihre Nase erwischte, öffnete sie die Augen. Und da sah er: Ihres war tatsächlich das Gesicht, das in der Galerie seiner vertrautesten Portraits gefehlt hatte. Die aufrichtigen grauen Augen, die kecke Stupsnase, das kastanienbraune Haar, das sich wie Erbsenranke kräuselte – das schien das wahre Ziel all seiner Abenteuer. Nur war das Gesicht so furchtbar blass und mager …

Das Mädchen sah ihn ruhig an und lächelte.

»Habe das Bewusstsein verloren, was?«, fragte sie schwach. »Na ja, kein Wunder. Versuchen Sie mal, drei Tage lang nichts zu essen, dann sehen Sie schon!«

»Himmel!«, rief Rudolf auf Deutsch und sprang auf. »Bin gleich zurück!«

Er rannte durch die grüne Tür und die Treppe hinunter. In zwanzig Minuten war er wieder da. Anklopfen musste er mit der Schuhspitze, denn die Arme hatte er voll mit guten Dingen aus dem Laden und dem Restaurant. Er stellte alles auf den Tisch – Brot und Butter, Aufschnitt und Pasteten, Kuchen, Dillgurken, Austern, ein Brathähnchen, eine Kanne Milch und eine mit siedend heißem Tee.

»Lächerlich ist das!«, polterte Rudolf. »Drei Tage nichts gegessen! So alberne Wetten darf man doch nicht machen! So, es ist gedeckt.« Er half ihr, sich an den Tisch zu setzen, und fragte nach einer Tasse.

»Im Regal am Fenster«, sagte sie. Als er wieder zu ihr sah, schickte sie sich gerade mit leuchtenden Augen an, in eine große Dillgurke zu beißen, die sie mit untrüglichem weiblichem Instinkt aus einer der Papiertüten herausgefischt hatte. Er lachte, entwendete ihr die Gurke und goss Milch in eine Tasse. »Trinken Sie erst mal das«, ordnete er an, »dann gibt es Tee, und danach einen Hähnchenflügel. Die saure Gurke können Sie dann morgen haben, wenn Sie schön brav sind. So, jetzt wollen wir mal zu Abend essen – wenn ich denn Ihr Gast sein darf?«

Er zog den anderen Stuhl an den Tisch heran. Der warme Tee brachte Licht in die Augen des Mädchens und ein blasses Rosa auf ihre Wangen. Wie ein ausgehungertes wildes Tier machte sie sich mit anmutiger Gier über das Essen her. Das Erscheinen und die Hilfe des jungen Mannes betrachtete sie offenbar als etwas ganz Natürliches. Nicht, dass sie auf gesellschaftliche Konventionen keinen Wert legte – aber ihr Leiden hatte ihr das Recht verliehen, das Künstliche um des Menschlichen willen zu vergessen. Erst nach und nach, als sie sich erholte, kamen ihr die guten Manieren wieder in den Sinn und sie begann, Rudolf ihre Geschichte zu erzählen. Jeden Tag gähnt die Stadt über Tausende solcher Geschichten: der armselige Lohn eines Ladenmädchens, noch kümmerlicher gemacht durch die Geldstrafen, mit denen der Laden seinen

Gewinn aufpolstert; Krankheit, verlorene Zeit, verlorene Stelle, verlorene Hoffnung – und schließlich der Abenteurer, der an ihre Tür klopfte.

Doch in Rudolfs Ohren klang diese Geschichte so grandios wie die Ilias oder der Höhepunkt von *Junies Liebesprüfung*.

»Dass Sie das alles durchlitten haben!«, rief er.

»Ja, das war schon schlimm«, sagte das Mädchen ernst.

»Und Sie haben keine Freunde oder Verwandten in der Stadt?«

»Keine Menschenseele.«

»Ich bin auch ganz allein auf der Welt«, sagte Rudolf nach einer Pause.

»Das freut mich«, antwortete das Mädchen prompt, und irgendwie hörte der junge Mann gerne, dass sie seine Einsamkeit billigte.

Mit einem Mal schlossen sich ihre Augen, und sie seufzte tief.

»Ich bin furchtbar müde«, brachte sie hervor, »und ich fühle mich so wunderbar …«

Da stand Rudolf auf und nahm seinen Hut. »Dann gute Nacht! Schön ausschlafen ist jetzt genau das Richtige.«

Er reichte ihr die Hand. Das Mädchen hielt sie kurz und gab ein »gute Nacht!« zurück. Aber in ihren Augen stand eine Frage – so offen, beredt und gefühlvoll, dass er in Worten antwortete: »Morgen komme ich natürlich vorbei und sehe nach Ihnen. So leicht werden Sie mich nicht los!«

An der Tür fragte sie noch beiläufig, als zähle nur sein Erscheinen, und nicht die Gründe dafür: »Wie kam es denn, dass Sie an meine Tür geklopft haben?«

Einen Augenblick lang sah er sie an und dachte an die Karten. Ein Stich von Eifersucht durchfuhr ihn. Was, wenn die Hilferufe auch in andere Abenteurerhände gefallen waren? Sogleich beschloss er, dass sie die Wahrheit nie erfahren sollte. Nie würde er sie wissen lassen, dass er den ausgefallenen Behelf kannte, zu dem ihre Not sie getrieben hatte.

»Einer unserer Klavierstimmer wohnt hier im Haus«, sagte er. »Ich habe aus Versehen bei Ihnen angeklopft.«

Das letzte, was er sah, bevor sich die grüne Tür schloss, war ihr Lächeln.

An der Treppe hielt er inne und sah sich aufmerksam um. Dann ging er den ganzen Flur entlang und wieder zurück; anschließend stieg er in das nächste Stockwerk und setzte dort seine verblüfften Erkundungen fort. Jede Tür in diesem Haus war grün gestrichen.

Staunend verließ er das Haus. Der fantastische Afrikaner stand immer noch da. Rudolf kam auf ihn zu und hielt ihm die Karten hin.

»Sagen Sie: Warum haben Sie mir diese Karten gegeben? Was bedeuten sie?«, fragte er.

Das breite, gutmütige Grinsen des Mannes war die beste Werbung für den Beruf seines Arbeitgebers.

»Da isses, Boss«, antwortete er und zeigte die Straße hinunter. »Sind aber spät dran, der erste Akt hat schon angefangen.«

Rudolfs Blick folgte dem Finger. Dort, über dem Eingang eines Theaters, prangte in elektrischen Buchstaben der Titel eines neuen Stücks: »Die grüne Tür«.

»Soll ne erstklassige Show sein, Boss. Der Agent von dem Stück gibt mir nen Dollar, da misch ich ein paar Karten unter die vom Doktor. Wollen Sie vielleicht noch ne Doktorkarte haben?«

An der Ecke seines Blocks schaute Rudolf noch in einer Bar vorbei. Dort trank er ein Glas Bier, kaufte eine Zigarre und ging mit ihr in die Nacht hinaus. Das glimmende Kraut zwischen den Zähnen, knöpfte er den Mantel zu, schob den Hut zurück und sagte voller Überzeugung zum Laternenpfahl:

»Und trotzdem: Ich glaube, die Hand des Schicksals hat mich zu ihr geführt.«

Und mit dieser Schlussfolgerung, unter den gegebenen Umständen gezogen, zählt Rudolf Steiner nun sicherlich zu den wahrsten Abenteurern und Romantikern.

# Weihnachten in Yellowhammer

Cherokee war der Stadtvater von Yellowhammer. Yellowhammer, frisch aus Segeltuch und unbehandeltem Kiefernholz erbaut, war eine Goldgräbersiedlung, und Cherokee war ein Goldgräber. Eines Tages, während sein Esel sich an Quarz und Kiefernzapfen gütlich tat, stieß Cherokee mit der Hacke auf ein dreißig Unzen schweres Nugget. Er steckte seinen Claim ab und lud sogleich alle seine Freunde aus drei Staaten ein, das Glück mit ihm zu teilen, denn er war ein Mann von Format und Gastfreundschaft.

Nicht einer der geladenen Gäste ließ sich entschuldigen. In Scharen kamen sie – aus Gila, vom Salt River und Pecos in Arizona, aus Albuquerque und Phoenix und Santa Fe und aus allen Lagern dazwischen.

Als eintausend neue Bürger angekommen waren und ihre Claims abgesteckt hatten, nannten sie die Siedlung Yellowhammer, bildeten eine Bürgerwehr und überreichten Cherokee eine Uhrkette aus Goldnuggets.

Und genau drei Stunden nach dieser Zeremonie stellte Cherokee fest, dass sein Abschnitt nichts mehr hergab. Was er gefunden hatte, war ein Nest, keine Ader. Er gab den Claim auf und versuchte es mit einem anderen, dann mit einem neuen, und noch einem. Doch Lady Fortuna hatte ihm eine Kusshand zugeworfen, und weg war sie. Nie wieder fand er in Yellowhammer auch nur genug Goldstaub für die Saloon-Rechnung. Die meisten seiner tausend Gäste aber hatten Glück, und Cherokee gratulierte jedem von ihnen.

In Yellowhammer zog man den Hut vor einem lächelnden Pechvogel, und so wurde Cherokee allseits gefragt, ob er Hilfe gebrauchen könnte.

»Tja«, sagte er, »ein bisschen Kredit wär mir recht. Ich will nach Mariposa gehen. Und wenn ich dort was finde, sag ich gleich Bescheid. Ich bin nicht so einer, der was von seinen Freunden geheim hält.«

Im Mai bepackte Cherokee seinen Esel und richtete den nachdenklichen mausgrauen Kopf des Tieres gen Norden. Die Bürger Yellowhammers begleiteten ihn mit Rufen des Abschieds und Wünschen des Glücks feierlich bis zu den angedachten Grenzen der Siedlung. Man gab ihm fünf Feldflaschen mit, so voll, dass kein Luftbläschen zwischen Inhalt und Korken passte; man versicherte ihm, dass er in Yellowhammer auf immer und ewig in jedem Haus ein Omelett mit Speck und heißes Rasierwasser finden würde, falls Lady Fortuna auch in Mariposa nicht geruhen sollte, die Hände an seinem Lagerfeuer zu wärmen.

Den Namen »Cherokee« hatte der Vater Yellowhammers von anderen Goldgräbern bekommen, und zwar entsprechend ihrer üblichen Nomenklatur. Diese erforderte keinerlei Taufscheine. Der Geburtsname war Privateigentum eines jeden und für seine Mitbürger von keinerlei Interesse. Um aber einen Mann zur Theke zu rufen und ihn von anderen Zweibeinern in blauen Hemden zu unterscheiden, war ein zeitweiliger Beiname oder Titel nötig, und diesen verlieh die Öffentlichkeit. Den meisten solcher Namen stand eine persönliche Eigenart Pate; andere waren geografischer Natur und verrieten die Orte, aus denen ihre Träger nach eigenem Bekunden stammten. Dann gab es ein paar Menschen, die behaupteten, einen Allerweltsnamen wie »Thompson« oder »Adams« zu tragen, auch wenn die Unverfrorenheit und Lautstärke, mit der sie das taten, recht suspekt war. Nur wenige waren so schamlos und eitel, ihren wahren Namen zu enthüllen. Solche Arroganz machte hier nicht gerade beliebt. Einer, der gar brieflich nachwies, er hieße Chesterton L. C. Belmont, wurde nachdrücklich gebeten, die Siedlung bis Sonnenuntergang zu verlassen. Gern gesehen wurden Namen wie »Shorty«, »Krummbein«, »Texas«, »Fauler Bill«, »Rogers der Trinker«, »Riley der Hinker«, »Richter« und »California Ed«. Cherokee hieß Cherokee, weil er behauptete, eine Zeit lang mit diesem Stamm auf dem Indianerterritorium gelebt zu haben.

Am zwanzigsten Dezember brachte Glatze, der Postbote, eine Neuigkeit nach Yellowhammer.

»Da komm ich nach Albuquerque«, erzählte Glatze den Stammgästen des Saloons, »und was sehe ich! Cherokee, rausgeputzt und schick in Schale wie der Zar aller Türken, und wirft mit Geld um sich wie sonst was! Wir beide sind ja zusammen durch dick und dünn gegangen, also geben wir uns ordentlich die Kante mit französischem Sprudelwein, und er bezahlt alles bar auf die Kralle. Seine Taschen waren voll wie ein Cowboy nach einer durchzechten Nacht.«

»Ist also auf Erz gestoßen, unser Cherokee«, kommentierte California Ed. »Na, er ist ein feiner Kerl. Ich gönn's ihm.«

»Da könnte er ja auch mal nach Yellowhammer kommen, alte Freunde besuchen«, brummte ein anderer, »aber so ist es eben auf der Welt: Geld heilt jede Erinnerung.«

»Jetzt wart's mal ab«, sagte Glatze, »dazu komm ich ja grade. Also, da findet er in Mariposa eine drei Fuß lange Ader, und pro Tonne Erz so viel Gold, dass es für eine Reise nach Europa und zurück reicht. Das Ganze verkauft er an ein Syndikat, kriegt hunderttausend Dollar in bar, kauft sich einen Robbenfellmantel und einen roten Schlitten – und was meint ihr, was er als Nächstes vorhat?«

»Setzt alles auf Rot«, sagte Texas, unfähig, sich Freizeitgestaltung abseits des Glücksspiels vorzustellen.

»Komm und küss mich, meine Süße«, sang Shorty, der alle Taschen voller Blechfotografien hatte und selbst beim Graben eine rote Krawatte trug.

»Kauft sich nen Saloon?«, mutmaßte Rogers der Trinker.

»Alles falsch«, sagte Glatze. »Cherokee führt mich also in dieses eine Zimmer und zeigt's mir: Da stapeln sich Trommeln und Puppen und Schlittschuhe und Süßigkeiten und Hampelmänner und Kuschellämmer und Trillerpfeifen und so Kinderzeug bis zur Decke. Und was will er mit dem ganzen Kram? Ihr braucht nicht zu raten, Cherokee hats mir gesagt. Er will den Schickschnack in seinen roten Schlitten packen und – jetzt wartet mal kurz mit den Drinks! – und ab nach Yellowhammer. Um nämlich den Kinderchen – ja, den Kinderchen in dieser Siedlung hier – den größten Budenzauber westlich des Cape Hatteras zu veranstalten, mit Riesenweihnachtsbaum und sprechenden Puppen und extragroßem Werkzeugkasten für den kleinen Handwerker.«

Auf diese Rede folgten zwei Minuten absoluter Stille. Gebrochen wurde sie vom Barkeeper, der dies für den richtigen Augenblick erachtete, im Zuge der

Gastfreundschaft ein Dutzend Whiskygläser, gefolgt von der Flasche, über die Theke schlittern zu lassen.

»Und du hast nichts gesagt?«, fragte ein Goldgräber namens Trinidad.

»Tja, irgendwie nicht«, erwiderte Glatze nachdenklich, »es wollte sich keine Gelegenheit ergeben. Cherokee hatte dieses ganze Weihnachtszeug ja schon gekauft und bezahlt, und war ganz verknallt in seine Idee; und dann hatten wir noch Sprudelwein ins Feuer gegossen … Nee, ich hab nichts gesagt.«

»Ich kann mich einer gewissen Überraschung nicht erwehren«, sagte Richter und hängte seinen Spazierstock mit Elfenbeingriff an die Theke, »dass unser Freund Cherokee eine derart irrige Vorstellung von, nun, seiner eigenen Siedlung haben sollte.«

»Ach was, ist nicht gerade die achte Weltverwunderung«, sagte Glatze. »Cherokee ist ja seit über sieben Monaten nicht in Yellowhammer gewesen. In so einer Zeit kann eine Menge passieren. Woher sollte er wissen, dass es hier immer noch kein einziges Kind gibt und, zumindest auf dem Wege der Migration, auch keins zu erwarten ist?«

»Wenn man's so recht bedenkt«, überlegte California Ed, »ist es schon komisch, dass es nicht zumindest ein paar kleine Racker zu uns hinübergeweht hat. Die Siedlung ist wohl noch nicht ganz reif für die Nuckelbande …«

»Zur Krönung dieser ganzen Weihnachtsorgie«, berichtete Glatze weiter, »will Cherokee auch noch selbst den Santa abgeben. Hat sich eine weiße Perücke mit Bart besorgt – sieht damit aus wie dieser Longfellow in den Büchern – dazu so eine Art lange rote Unterwäsche mit Pelzbesatz, und große dicke Handschuhe und eine rote gestrickte Schlafmütze. Schon jammerschade, dass diese ganze Aufmachung keine Kinderaugen zum Leuchten bringen wird!«

»Wann will Cherokee hier denn mit seinem Schlitten aufkreuzen?«, erkundigte sich Trinidad.

»Am Morgen vor Heiligabend«, sagte Glatze. »Und er will, dass wir ein Zimmer zum Feiern herrichten, mit Weihnachtsbaum und allem Drum und Dran. Und wer von den Ladys lange genug die Luft anhalten kann, um das Ganze den Kindern nicht gleich auszuplaudern, sagt er, soll das Fest vorbereiten helfen.«

Nun war Yellowhammer, wie gesagt, nicht mit Nachwuchs gesegnet. Noch nie war in seinen hastig zusammengeschusterten Bauten das Lachen von Jungen und Mädchen erklungen; noch nie hatte das Getrappel rastloser Füßchen die ungepflasterte Straße zwischen den zwei Reihen von Zelten und Holzbuden geweiht. All das würde später kommen. Aber noch war Yellowhammer nur ein Goldgräberlager. Hier würden sich am Morgen vor Weihnachten keine verschmitzt glänzenden Kinderaugen voller Vorfreude dem Zaubertag entgegen öffnen; keine eifrigen Kinderhände würden tief in Santas verblüffende Schatztruhe greifen; keine begeisterten Kinderstimmen würden ihre Festtagsfreude in die Welt hinausschreien – nichts davon, was der gutherzige Cherokee verdient hätte, würde er hier finden.

Immerhin hatte Yellowhammer aber fünf Damen vorzuweisen, drei davon permanent: die Frau des Erzprüfers, die Besitzerin des Lucky-Strike-Hotels und eine Wäscherin, die in ihrem Bottich allabendlich eine Unze Goldstaub fand. Dazu lebten im Moment noch die Spangler-Schwestern hier, Miss Fanchon und Miss Erma von der Transcontinental Comedy Company, die gerade in Yellowhammer im improvisierten »Empire Theatre« spielten. Manchmal gab Miss Fanchon mit Schwung und Elan eine wilde Göre, doch zwischen ihren Darbietungen und der zarten Jugend, die Cherokee für seine Festlichkeiten vorschwebte, klaffte ein Abgrund.

Am Donnerstag war Heiligabend. Am Dienstagmorgen machte sich Trinidad nicht ans Graben, sondern suchte im Lucky Strike Hotel seinen Freund Richter auf.

»Wäre doch eine Schande für Yellowhammer«, sagte Trinidad, »Cherokee mit seinem Budenzauber im Stich zu lassen. Ohne ihn hätte es die Siedlung doch gar nicht gegeben! Also ich für mein Teil will sehen, wie Santa hier auf seine Kosten kommt.«

»Ich lasse mich diesbezüglich gerne involvieren«, sprach Richter. »Unsere Historie kennt seitens Cherokee lauter Wohltaten, und ich bin ihm zutiefst verbunden. Es entzieht sich mir dennoch – obschon ich bisher das Fehlen von Kindern eher als Luxus betrachtet habe – aber in diesem Fall – und doch, wie sollte –«

»Schau mich an«, sagte Trinidad, »und du siehst ein ganzes Bewerkstelligungskomitee. Ich spanne jetzt mal ein paar Maultiere ein und hole eine Ladung Racker für Cherokees Weihnachtsshow, und wenn ich dafür ein Waisenhaus ausrauben muss.«

»Heureka!«, rief Richter begeistert.

»Nichts da«, versetzte Trinidad. »Ich hab's selber gefunden. So viel Latein hab ich in der Schule auch gelernt.«

»Ich begleite dich«, erklärte Richter und fuchtelte energisch mit seinem Stock. »Vielleicht werden meine Beredsamkeit und Sprachbegabung behilflich sein, die lokale Jugend zu überzeugen, sich unserem Projekt anzuschließen.«

Eine Stunde später kannte und billigte die ganze Siedlung das Vorhaben von Trinidad und Richter. Wer im Umkreis von vierzig Meilen eine Familie mit Nachwuchs kannte, erzählte davon. Trinidad schrieb alles genau auf und besorgte dann in aller Eile ein Gespann und ein paar Maultiere.

Der erste Halt war vor einer Blockhütte fünfzehn

Meilen von Yellowhammer. Auf Trinidads Ruf erschien ein Mann, kam ans klapprige Tor und lehnte sich dagegen. Die Haustür ließ er offen, und der Türrahmen füllte sich sogleich zum Bersten mit Kindern, manche zerlumpt, doch alle gesund, munter und voller Neugier.

»Tja, also«, erklärte Trinidad, »wir kommen aus Yellowhammer und sind in Sachen Kidnapping unterwegs – aber die gute Art. Unseren Stadtvater hat nämlich die Weihnachtsmanie erwischt. Hat die Hälfte von dem ganzen rot lackierten Klimbim aufgekauft, den man in Deutschland macht, und bringt ihn morgen mit. Nun hat der jüngste Bube bei uns in Yellowhammer schon einen .45-Colt und einen Rasierhobel. Niemand weit und breit, um ›Ah!‹ und ›Oh!‹ zu rufen, wenn auf dem Weihnachtsbaum die Lichter angehen. Also, Kollege, wenn wir von Ihnen ein paar Sprösslinge borgen könnten, kriegen die jede Menge Spaß und ganze Füllhörner von Abenteuerbüchern und roten Trommeln und ähnlichen Erzeugnissen – und am Weihnachtstag bringen wir sie garantiert wohlbehalten zurück. Was sagen Sie?«

»Mit anderen Worten«, fügte Richter hinzu, »empfinden wir die Abwesenheit der Adoleszenz in unserer noch embryonalen, jedoch fortschrittlichen Siedlung erstmals als eine Unannehmlichkeit. Da nun die Zeit naht, wenn der zarten Jugend unpraktische doch erfreuliche Geschenke –«

»Ich verstehe«, sagte der Vater und stopfte seine Pfeife mit dem Zeigefinger. »Hier brauchen Sie keine Zeit zu verlieren, Gentlemen. Ich und die Alte haben sieben Kinder, wenn ich richtig zähle – aber wenn ich sie so durchgehe, fällt mir keins ein, das wir euch ausleihen könnten. Die Alte hat schon Zuckerpopcorn und Stoffpuppen in der Kleidertruhe versteckt, und wir wollen auf unsere bescheidene Art auch eine kleine Weihnachtsfete steigen lassen. Nein, ich könnte mich nicht ansatzweise mit dem Gedanken anfreunden, auch nur eins zu entbehren. Danke fürs Angebot, Gentlemen.«

Weiter ging es, den Hang hinunter und wieder hoch, zur Wiley-Wilson-Ranch. Trinidad trug den Appell vor, im Wechselgesang mit dem schwerfälligen Monolog seines Begleiters. Mrs Wiley legte die Arme beschützend um die beiden rotwangigen Bengel, die an ihrem Rock klebten. Ihr Gesicht entspannte sich erst, als Mr Wiley lachend den Kopf schüttelte. Noch ein Nein.

Als es in den Hügeln zu dämmern begann, hatten Trinidad und Richter mehr als die Hälfte ihrer Liste vergeblich abgearbeitet. Sie übernachteten in einem Gasthaus am Straßenrand und brachen früh am nächsten Morgen wieder auf. Sie hatten noch keinen einzigen Passagier.

»So langsam dämmert's mir –«, kommentierte Trinidad, »es ist schier unmöglich, so ein Kind für Heiligabend auszuleihen. Geradezu als wollte man einem die Butter klauen, der gerade auf heiße Pfannkuchen wartet.«

»Zweifellos ist es eine unbestreitbare Tatsache«, pflichtete der Richter bei, »dass die – äh – Familienbande in dieser Jahreszeit von besonderer Undurchtrennbarkeit erscheinen.«

An diesem Tag schafften sie dreißig Meilen und machten viermal Halt, erfolglos. Kinder standen gerade viel zu hoch im Kurs.

Die Sonne hing tief, als sie die Gattin des Bahnwärters an einer einsamen Strecke sprachen. Den Nachwuchs, der sich sicherheitshalber hinter ihrem Rücken versteckte, gab sie zwar nicht her, sagte aber:

»Eine Frau hat gerade die Bahnhofskantine unten in Granite Junction übernommen. Ich glaube, sie hat einen Jungen. Vielleicht lässt sie ihn ja gehen.«

Um fünf Uhr nachmittags waren Trinidads Maultiere am Bahnhof angekommen. Der Zug war gerade abgefahren, und mit ihm eine Ladung verpflegter und versonnener Passagiere.

Auf den Stufen zur Kantine saß ein dürrer grimmiger Junge von etwa zehn Jahren und rauchte eine Zigarette. Die hungrigen Reisenden hatten Chaos im Speisesaal hinterlassen. Eine noch recht junge Frau war offenbar gerade eben auf einen Stuhl niedergesunken. Tiefe Sorgenfalten hatten sich ihr ins Gesicht geschnitzt. Die Art von Schönheit, die sie einmal hatte, würde nie ganz verschwinden, aber auch nie ganz zurückkehren. Trinidad setzte seine Mission fort.

»Es wäre eine Wohltat, wenn Sie Bobby für eine Weile mitnehmen könnten«, sagte sie erschöpft. »Ich arbeite von morgens bis abends und hab keine Zeit, mich um ihn zu kümmern. Die Männer hier sind ein schlechter Einfluss. Ja, das wäre seine einzige Chance auf ein bisschen Weihnachten.«

Die Kidnapper kamen auf die Treppe hinaus und berieten sich mit Bobby. Trinidad beschrieb lebhaft die Pracht des Weihnachtsbaums und der Geschenke.

»Und außerdem, mein junger Freund«, fügte Richter hinzu, »wird Santa Claus persönlich die Geschenke überreichen und damit sozusagen die Gaben der drei Weisen darstellen, welche in Bethlehem –«

»Lass den Quatsch«, sagte der Junge und kniff verächtlich die kleinen Augen zusammen. »Ich bin doch kein kleines Kind. So was wie Santa gibts nicht. Da kaufen die Eltern halt Spielzeug und verstecken es, wenn du schläfst. Und dann machen sie noch mit der Zange Spuren im Ruß um den Schornstein rum und das war dann der Schlitten vom Weihnachtsmann.«

»Das mag schon sein«, pflichtete Trinidad bei, »aber Weihnachtstannen gibts wirklich. Und diese eine wird so groß wie ein Mammutbaum, und darauf mehr Spielzeug als im ganzen 10-Cent-Laden in Albuquerque. Kreisel und Trommeln und Archen und –«

»Papperlapapp«, winkte Bobby müde ab. »Interessiert mich seit Jahren keinen Dreck. Was ich will, ist ein Gewehr. Kein Spielzeuggewehr, ein richtiges, zum Wildkatzen schießen! Aber so was hängt auf eurem blöden Baum bestimmt nicht.«

»Das weiß ich nicht genau«, sagte Trinidad diplomatisch, »aber vielleicht ja doch. Komm lieber mal mit und schau selbst.«

Mit dieser schwachen Hoffnung im Sinn willigte der Junge zögerlich ein, und die Werber machten sich auf den Heimweg – mit einem einzigen Nutznießer für Cherokees Festtagsfülle.

In Yellowhammer war inzwischen ein leerer Lagerraum in eine Laube verwandelt, wo sich jede Fee Arizonas gerne einquartiert hätte. Die Ladys hatten ihre Arbeit gut gemacht. In der Mitte stand ein großer Weihnachtsbaum, bis zum obersten Zweig mit Kerzen, Flitter und genug Spielzeug für ein paar Dutzend Kinder behängt. Kurz vor Sonnenuntergang hatten besorgte Augen begonnen, die Straße nach der zurückkehrenden Beschaffungspartie abzusuchen. Schon am Mittag war Cherokee angekommen, sein neuer Schlitten voller Päckchen, Packungen und Pakete aller Größen und Formen. So sehr war er in seine altruistischen Vorbereitungen vertieft, dass ihm der gravierende Mangel an Kindern nicht aufgefallen war – und niemand erwähnte diesen demütigenden Zustand, denn es wurde allseits erwartet, dass die Bemühungen Trinidads und Richters ihn bald beheben würden.

Als die Sonne unterging, zog sich Cherokee zwinkernd und grinsend mit dem Santa-Claus-Kostüm zurück; auch einen Sack mit besonderen und geheimen Geschenken nahm er mit.

»Wenn die Kinder sich versammelt haben«, wies er das Organisationskomitee an, »zündet die Kerzen auf dem Baum an und lasst sie ein bisschen Bockspringen und ›Die Reise nach Jerusalem‹ spielen. Wenn sie so richtig in Fahrt kommen, dann schleicht sich der gute Santa in die Tür. Ich denk mal, die Geschenke dürften für alle reichen.«

Die Ladys huschten um den Baum, machten hier und da noch allerletzte und allerallerletzte Verbesserungen. Die Spangler-Schwestern trugen die Kostüme der Lady Violet de Vere und des Dienstmädchens Marie aus ihrem neuen Stück, »Die Goldgräberbraut«. Das Theater öffnete erst um neun, und ihre helfenden Hände waren dem Weihnachtskomitee sehr willkommen. Jede Minute streckten sich Köpfe aus der Tür, um nach Trinidads Wagen zu schauen und zu lauschen. Die Anspannung wuchs, denn es war schon spät am Abend; bald müsste man die Kerzen anzünden, und

Cherokee konnte jederzeit in seinem Santa-Gewand hereinplatzen.

Endlich ratterte der Wagen der Beschaffungspartie die Straße entlang und blieb vor der Tür stehen. Die Ladys rannten sogleich mit Freudengeschrei in die Lagerhalle zurück, um sich an die feierliche Beleuchtung zu machen. Die Männer von Yellowhammer standen verlegen umher oder gingen rastlos hinein und wieder hinaus.

Schließlich betraten Trinidad und Richter den Raum, sichtlich von der langen Reise strapaziert. Sie führten einen Bengel mit, der mürrisch die grelle Pracht besah.

»Wo bleiben denn die anderen?«, fragte die Frau des Erzprüfers, die stete Vorsitzende aller gesellschaftlichen Veranstaltungen.

»Ma'am«, seufzte Trinidad, »zur Weihnachtszeit nach Kindern zu prospektieren ist wie im Kalkstein Silber zu suchen. Das Elternsein, das ist mir ein Rätsel. 364 Tage im Jahr scheint es Müttern und Vätern rein gar nichts auszumachen, wenn ihr Nachwuchs im Fluss ertrinkt, Giftpflanzen nascht, gestohlen oder von Pumas verschlungen wird – aber am Heiligabend müssen sie unbedingt die Gesellschaft ihrer lieben Kleinen genießen. Wir haben zwei Tage lang ausgeschwemmt, aber wir konnten nur diesen jungen Zweibeiner gewinnen.«

»Oh, die süße Jugend!«, gurrte Miss Erma und kam näher, gefolgt von der Schleppe ihrer De-Vere-Robe.

»Halt die Klappe«, erwiderte Bobby finster. »Wer soll hier die süße Jugend sein? Du bestimmt nicht.«

»So ein Flegel!«, zischte Miss Erma, ohne sich das Emaille-Lächeln vom Gesicht zu wischen.

»Wir haben unser Bestes gegeben«, sagte Trinidad. »Pech für Cherokee, aber mehr lässt sich nicht machen.«

Da ging die Tür auf, und Cherokee betrat in voller Weihnachtsmannmontur den Raum. Der gekräuselte Bart und die Perücke bedeckten weiß und wallend sein Gesicht, sodass man kaum etwas als die dunkel glänzenden Augen sah. Über die Schulter hatte er einen großen Sack gehievt.

Niemand rührte sich, als er hereinkam. Selbst die Spangler-Schwestern ließen von ihren koketten Posen ab und starrten auf die hochgewachsene Gestalt. Bobby stand da, die Hände in den Hosentaschen, den mürrischen Blick auf den Baum gerichtet, der offenbar nichts für echte Männer war. Cherokee setzte den Sack ab und sah sich verwundert um. Vielleicht bildete er sich ein, irgendwo wäre noch eine Schar aufgeregte Kinder versteckt, die man bei seinem Eintreten losbinden würde. Dann ging er auf Bobby zu und streckte ihm die Hand im roten Handschuh entgegen.

»Frohe Weihnachten, mein Junge«, sagte Cherokee. »Was du von diesem Baum haben möchtest, wird für dich gern gepflückt. Na, willst du Santa denn nicht die Hand schütteln?«

»Santa gibts nicht«, motzte der Junge. »Du hast nen falschen Bart aus altem Ziegenhaar. Ich bin doch kein kleines Kind! Was soll ich mit Puppen und Zinnpferdchen? Der Mann da im Wagen meinte, es würde ein Gewehr geben, aber es gibt keins. Ich will nach Hause.«

Trinidad sprang in die Bresche. Er schüttelte Cherokee warm die Hand.

»Tut mir leid«, erklärte er, »es gibt eben kein einziges Kind in Yellowhammer. Wir wollten für deine Fete ein paar auftreiben, es hat aber nur diese kleine Sardine angebissen. Und der ist Atheist und glaubt nicht an den Weihnachtsmann. Jammerschade, dass du das ganze Zeug umsonst angeschleppt hast! Richter und ich dachten, wir würden einen Wagen willige Abnehmer für deinen Plunder auftreiben …«

»Schon gut«, sagte Cherokee besonnen. »Die Ausgaben sind nicht der Rede wert. Dann kippen wir den ganzen Klimbim eben in einen Schacht. Was hab ich mir auch bloß dabei gedacht! Es ist mir bei all dem Planen nie in den Sinn gekommen, dass es in Yellowhammer doch keine Kinder gibt.«

Die anderen Anwesenden gaben unterdessen eine löbliche, wenn auch hohle Nachahmung einer fröhlichen Gesellschaft ab. Nur Bobby hatte sich abseits hingesetzt und betrachtete die Szene mit kaltem Blick. Langeweile stand ihm mit Großbuchstaben ins Gesicht geschrieben. Cherokee, den die Idee des Kinderbeglückens noch nicht ganz losgelassen hatte, ging zu ihm und setzte sich.

»Wo wohnst du denn, mein Junge?«, erkundigte er sich.

»Granite Junction«, sagte Bobby lustlos.

Die Halle war warm. Cherokee nahm die Mütze ab, dann den Bart und die Perücke.

»Sag mal!«, rief Bobby, auf einmal sichtlich interessiert. »Diese Visage kenn ich doch!«

»Haben wir uns schon gesehen?«, fragte Cherokee.

»Weiß nicht. Dein Bild hab ich aber ganz oft gesehen.«

»Wo denn?«

Der Junge zögerte kurz. »Auf der Kommode zu Hause.«

»Jetzt würd ich aber gerne wissen, wie du heißt, Kumpel.«

»Robert Lumsden. Das Bild gehört meiner Mutter. Nachts tut sie es sich unters Kissen. Und einmal hab ich gesehen, wie sie es küsst. Eklig, was? Tja, Frauen halt.«

Cherokee erhob sich und winkte Trinidad herüber.

»Pass auf ihn auf bis ich zurückkomme«, sagte er. »Ich nehme nur schnell die Weihnachtsklamotten ab und mache den Schlitten fertig. Ich bringe den Jungen nach Hause.«

»Na, du Heide«, sagte Trinidad, während er sich auf Cherokees Stuhl setzte, »du bist also zu altersmüde und blasiert für Nichtigkeiten wie Süßkram und Spielzeug?«

»Du schon wieder«, sagte Bobby verbittert. »Du hast gesagt, ich krieg ein Gewehr. Und hier lassen die einen nicht mal rauchen. Ich will nach Hause.«

Cherokee fuhr seinen Schlitten vor die Tür, und beide halfen Bobby hoch. Die rassigen Pferde wirbelten über den harten Schnee davon. Cherokee trug seinen 500-Dollar-Robbenfellmantel; dazu legte er sich und dem Jungen eine samtweiche warme Reisedecke über die Beine.

Bobby holte eine Zigarette aus der Hosentasche und versuchte, ein Streichholz anzuzünden.

»Wirf sie weg«, sagte Cherokee, ruhig, aber mit einer neuen Stimme.

Bobby zögerte, und dann warf er die Zigarette aus dem Schlitten.

»Die Schachtel auch«, befahl die neue Stimme.

Widerwillig gehorchte der Junge.

Dann sagte er: »Irgendwie mag ich dich. Weiß gar nicht wieso. Sonst lass ich mir von keinem was vorschreiben.«

»Hör mal«, fragte Cherokee in seinem normalen Tonfall, »bist du auch ganz sicher, dass deine Mutter das Bild geküsst hat, das nach mir aussieht?«

»Todsicher. Hab ich doch gesehen.«

»Wie war das noch mal – du wolltest ein Gewehr, stimmt's?«

»Und ob! Schenkst du mir eins?«

»Morgen. In Silber montiert.«

Cherokee schaute auf die Uhr.

»Halb zehn. Pünktlich zu Weihnachten sollten wir es zur Granite Junction schaffen. Ist dir kalt? Rück näher, Sohn.«

# Schweineethik

Da gehe ich also im Ost-Express ins Raucherabteil und wen sehe ich dort? Niemand geringeren als Jefferson Peters, den einzigen Mann westlich des Wabash, der sein Großhirn und Kleinhirn gleichzeitig gebrauchen kann, und den Hippocampus dazu.

Beruflich betreibt Jeff semilegalen Betrug. Witwen und Waisen haben von ihm nichts zu befürchten; er vermindert lediglich den Überfluss. Am liebsten spielt er den kleinen Vogel in der Jahrmarktsbude, nach dem Verschwender und leichtsinnige Investoren ein paar belanglose Dollars werfen können. Tabak lockert ihm immer die Sprachmuskeln, und mithilfe von zwei dicken, würzigen Brevas bekam ich die Geschichte seiner neusten Eskapade zu hören.

»Das Schwierigste in meiner Branche«, sagte Jeff, »ist die Suche nach einem vertrauenswürdigen, wahrlich aufrechten Partner. Ja, selbst die besten Meister der Schwindelkunst, mit denen ich gearbeitet habe, haben sich gelegentlich als nicht ganz ehrlich entpuppt.

Da dachte ich mir also letzten Sommer: Ich will mich mal in eine Gegend begeben, die noch nicht vom Baum der Erkenntnis gekostet hat, und mich dort nach einem Partner umschauen, der mit krimineller Begabung gesegnet, aber nicht vom Erfolg verseucht ist.

Ich habe also ein Dorf aufgestöbert, das für meine Zwecke genau richtig beschaffen scheint. Die Einwohner hatten nichts von Adams Enteignung mitbekommen und gaben seelenruhig weiter den Tieren ihre Namen und der Schlange einen guten Hieb mit der Harke. Das Örtchen heißt Mount Nebo und sitzt genau an der Grenze von Kentucky, West Virginia und North Carolina. Die liegen gar nicht beieinander, meinst du? Na, wie auch immer, jedenfalls irgendwo in dieser Gegend.

Eine Woche lass ich verstreichen, damit alle auch ganz sicher sind, dass ich nicht von der Steuerbehörde komme. Dann gehe ich in den Laden, in dem die rustikalen Pokerspieler sich durch den Tag bluffen, und werfe die Leine nach einem potenziellen Partner aus.

›Gentlemen‹, sag ich, nachdem wir uns beschnüffelt und an das Apfelfass gesetzt haben, ›es gibt wohl keine Gemeinschaft auf der Welt, die freier von Trug und Sünde wäre als diese. Das Leben hier, wo die Frauen so kühn und tapfer sind, und die Männer so fromm und bescheiden, ist ein wahres Idol! Da denkt man doch gleich an Ralph Waldo Longfellows schöne Ballade »Das verlassene Dorf«, in dem es so trefflich heißt:

»Oh Leben, flieh hinaus! Tag, schein hinein. Das liebe Dörflein ist so klein und fein. Der Richter ritt herab des Berges Lehne – denn Maikönigin, Mutter, werd ich sein.«‹

›So ist es, Mr Peters‹, sagt der Krämer. ›Ja, wir sind wohl so sittlich und morastisch, wie es nur geht, das ist jedenfalls die lokale Einfassung – anderseits gibts hier aber auch den Rufe Tatum. Den kennen Sie wohl nicht, was?‹

›Kann er gar nicht kennen‹, sagt der Wachtmeister. ›Dieser Rufe ist der abscheuerlichste Halunke, der noch nicht auf dem Galgen baumelt. Übrigens hätte ich ihn vorgestern aus dem Knast rauslassen sollen. Da hatte er nämlich seine dreißig Tage für den Mord an Yance Goodloe abgesessen. Aber ein paar Tage mehr im Kittchen werden Rufe schon nicht schaden.‹

›Scheibenkleister!‹, parliere ich im lokalen Idiom. ›Ein Mörder? Sagen Sie bloß nicht, dass es hier einen so schlimmen Kerl gibt!‹

›Schlimmer‹, erklärt der Krämer. ›Er klaut Schweine.‹

Da denke ich mir, diesen Mr Tatum sollte ich mal kennenlernen. Also laufe ich ihm ein paar Tage nach seiner Freilassung über den Weg und lade ihn ein, sich mit mir auf einen Baumstamm am Dorfrand hinzusetzen und Geschäftliches zu bereden.

Ich brauchte nämlich für ein paar kleine Einakter im Westen einen Partner mit natürlicher ländlicher Ausstrahlung, und dieser R. Tatum war schlichtweg für die Rolle geschaffen – wie Fairbanks für … was auch immer er am Broadway eben macht.

Er war ungefähr so groß wie ein First Baseman, mit koboldblauen Augen, wie das Porzellanhündchen auf dem Kaminsims, mit dem Tante Harriet als Kind gespielt hat. Sein Haar war ein bisschen lockig wie bei der Statue vom Diskos-Werfer im Wattekahn-Museum in Rom, aber von der Farbe her eher wie der ›Sonnenuntergang im Grand Canyon, von einem amerikanischen Künstler‹, wie man sie in Saloons aufhängt, um ein Loch in der Tapete zu verdecken. Der perfekte Tölpel vom Lande! Dem brauchte man nicht erst einen Strohhalm hinters Ohr zu stecken und breite Hosenträger anzuziehen – er würde auch so auf jeder Varieté-Bühne als Landei brillieren.

Ich sage ihm also, was ich vorhabe, und siehe da – er ist bereit und willig.

›Von Kavaliersdelikten wie Mord und Totschlag mal abgesehen‹, frage ich, ›was können Sie mit oder ohne Stolz in Sachen indirekte Entwendung und nicht-einklagbare wirtschaftliche Aktivität vorweisen, um sich für die angebotene Position zu qualifizieren?‹

›Na, soooo was‹, sagt er in seinem verschleppten Südstaaten-Sprech, ›nie von mir gehört? Gibts keinen Mann, ob schwarz oder weiß, in den Blue Ridge Mountains, der so sauber ein Ferkel mopsen kann. Ich kann ein Ferkel holen, ob ausm Stall, ausm Wald oder von der Tränke, bei Tag oder Nacht, überall und jederzeit, und kein Mensch hört auch nur das kleinste Oinkchen. Die ganze Kunst ist, wie man die fasst und wie man die trägt. Irgendwann mal‹, fährt dieser Stallplünderer verträumt fort, ›werd ich hoffentlich offizieller Weltmeister im Schweineklauen.‹

›Ehrgeiz ist ja schön und gut‹, sag ich, ›und für Mount Nebo mag das Schweineklauen angehen, aber in der großen weiten Welt da draußen wird es für vulgär erachtet – ungefähr wie ein Leerverkauf von staatlichen Gasaktien. Aber gut, es soll für Treu und Glauben einstehen. Wir wollen Partner werden, Mr Tatum. Ich habe eintausend Dollar in Cash, und mit Ihnen als Unschuld vom Lande werden wir schon ein paar Aktien der ehrenwerten Zum-Fenster-Hinaus-Gesellschaft erwerben.‹

Also engagiere ich Rufe und wir wandern los, von Mount Nebo hinunter ins Flachland. Und auf dem ganzen Weg schärfe ich seinen Sinn für die angedachten Machenschaften. Ich hatte nämlich davor zwei Monate lang in Florida an der Küste Däumchen gedreht, also war ich voller Tatendrang, wie ein Konquistador, und brauchte für all die Pläne in meinen Ärmeln einen Kimono.

Eigentlich wollte ich eine schöne Furche durch den Farmgürtel im Mittleren Westen pflügen, so um die neun Meilen breit. Wir sind auch in diese Richtung aufgebrochen, aber schon in Lexington blieben wir hängen: Hier war nämlich der Binkley-Brothers-Zirkus los, und all die Bauern strömten nur so in die Stadt und stampften mustergültig kunst- und sinnlos mit ihren selbstgeschnitzten Klompen zu Bluegrass-Klängen auf das Straßenpflaster ein. Nun kann ich nicht an einem Zirkus vorbeiziehen, ohne ein bisschen Heu zu ernten. Also habe ich für Rufe und mich ein Zimmer bei einer Witwe namens Peevy gemietet, ganz nah an den Zirkuszelten. Dann habe ich Rufe in einen Kleiderladen geführt und ihn nach Strich und Faden ausstaffiert. Ich hatte es ja gleich gewusst: In einem richtig schönen Hinterwäldler-Ornat frisch von der Stange nahm er sich ganz ausgezeichnet aus. Ich und der alte Misfitzky steckten ihn in einen himmelblauen Anzug mit apfelgrünem Plaid-Muster, dazu gab es eine schicke schokoladenbraune Weste, eine purpurrote Krawatte und die allergelbsten Schuhe der Stadt.

Rufe hatte noch nie etwas getragen als seine Erstausstattung in bräunlichem Bauernkaro, und nun schaute er so stolz wie ein Wilder mit neuem Nasenring.

An diesem Abend schlendere ich also zu den Zirkuszelten und starte ein kleines Hütchenspiel. Rufe sollte der Lockvogel sein. Ich hatte ihm ein Bündel Falschgeld für den Einsatz gegeben, und ein zweites Bündel mir in die Tasche gesteckt, um seinen Gewinn auszuzahlen. Nein, mit Misstrauen hat das nichts zu tun; ich kann die Hütchen einfach nicht zum Verlieren lenken, wenn ich richtiges Geld sehe. Da treten meine Finger den Streik an.

Also stelle ich meinen Tisch auf und zeige, wie einfach man raten kann, unter welchem Hütchen sich die Erbse versteckt. Sogleich bilden die guten Hornochsen einen ansehnlichen Halbkreis um mich und fangen an, sich gegenseitig anzustacheln und mit den Ellenbogen in die Rippen zu stoßen. In diesem Moment sollte eigentlich Rufe antanzen und ein paar Fünfer und Zehner setzen, damit sie in Gang kommen. Nur: kein Rufe weit und breit. Ein paar Mal sehe ich ihn vorbeispazieren, die Zirkusplakate bewundern und gezuckerte Erdnüsse vertilgen, aber näher kommt er nicht.

Nach und nach beißen einige an, aber ein Hütchenspiel ohne Lockvogel ist wie Angeln ohne Köder. Also schließe ich ab mit nur 42 Dollar für all meine unredlichen Bemühungen – dabei hatte ich aus den Bauerntölpeln mindestens zweihundert melken wollen. Na gut, denk ich, nichts zu machen: Der Zirkus war für Rufe wohl zu verführerisch, was mit Musik und allem Drum und Dran. Um elf Uhr abends packe ich also ein und gehe ins Bett – mit dem festen Plan, Rufe am nächsten Morgen einen Vortrag über gute Geschäftssitten zu halten.

Doch sobald ich mich, so gut es auf der Heumatratze eben geht, in Morpheus' Arme begebe, schrecken mich äußerst unziemliche Laute auf – wie ein Kind mit Kolik, das sich an grünen Äpfeln überfressen hat. Da öffne ich also die Tür und rufe die Frau Witwe, und als sie den Kopf aus der Tür steckt, sag ich: ›Hochverehrte Mrs Peevy, könnten Sie bitte so nett sein und Ihrem Sprössling eine Socke in den Rachen stopfen, damit anständige Leute ihre Ruhe haben?‹

›Geschätzter Sir‹, sagt sie, ›es ist kein Kind von mir, das da schreit. Es ist das Schwein, das ihr Freund Mr Tatum vor ein paar Stunden auf sein Zimmer gebracht hat. Und sollte dieses Schwein Ihr werter Neffe oder Bruder oder Vetter zweiten Grades sein, sind Sie herzlich willkommen, ihm selbst das Maul zu stopfen, Sir.‹

Ich mache mich also in Sachen äußerer Bekleidung gesellschaftsfähig und begebe mich in Rufes Zimmer. Dort ist das Licht an; Rufe hockt munter da und gießt Milch in einen Blechtopf auf dem Boden, vor dem ein schmuddelig weißes, halbwüchsiges Schwein quiekt.

›Was hat das bitte zu bedeuten, Rufe?‹, sag ich. ›Du hast heute deine Arbeit nicht gemacht und das Spiel vermasselt – und jetzt auch noch das Schwein! Das sieht mir doch sehr nach einem Rückfall aus.‹

›Hab ein bisschen Verständnis für mich, Jeff‹, sagt er. ›Du weißt ja, ich habe mein Leben lang Ferkel geklaut, das ist eben meine Art. Und heute Abend, da war so eine Chance – die konnte ich mir nicht entgehen lassen!‹

›Tja‹, sag ich, ›vielleicht leidest du ja tatsächlich an Kleptoschweinie. Wenn wir erst mal aus dem Schweinegürtel raus sind, wirst du dich hoffentlich höheren und ertragreicheren Dingen zuwenden. Warum du dich mit so einem widerlichen, stumpfsinnigen, brüllenden Biest abgeben willst, das ist mir wirklich ganz und gar unbegreiflich.‹

›Och Jeff‹, sagt er, ›du hast kein Gespür für Schweine. Dabei scheint mir dieses hier ganz besonders begabt und hochintelligent. Gerade eben ist es auf den Hinterbeinen durch das halbe Zimmer gelaufen.‹

›Tja, ich gehe wieder ins Bett‹, sag ich, ›versuch mal, deinem hochintelligenten Freund zu vermitteln, dass er die Klappe halten soll.‹

›Das Kleine hatte nur Hunger‹, sagt Rufe. ›Jetzt wird es sich in aller Ruhe schlafen legen.‹

Wann immer ich in der Nähe einer Zylinderdruckmaschine oder auch nur einer Handpresse bin, lese ich vor dem Frühstück die Zeitung. Am nächsten Morgen stehe ich also auf und stelle fest, dass der Zeitungsjunge bereits eine ›Lexington Daily‹ auf die Veranda katapultiert hat. Und als Allererstes fällt mir eine Anzeige auf der ersten Seite ins Auge, zwei Spalten breit:

**FÜNFTAUSEND DOLLAR BELOHNUNG**

**Der oben genannte Betrag wird gezahlt für die Rückgabe von Beppo, dem berühmten Gebildeten Schwein aus Europa, letzte Nacht aus den Zelten des Binkley Br. Zirkus gestohlen oder entwischt. Solange das Schwein lebendig und unversehrt ist, stellen wir keine Fragen.**

*Geo. B. Tapley, Geschäftsleiter. Zirkusgelände.*

Ich falte die Zeitung zusammen, stecke sie in die Innentasche meiner Jacke und schlendere rüber zu Rufe. Er ist mit seiner Morgentoilette schon fast fertig und füttert gerade das Schwein mit Apfelschalen und den Resten von der Milch.

›Einen wunderschönen guten Morgen, ihr zwei‹, sag ich mit aller Herzlichkeit. ›Schon wach, was? Und das Schweinchen frühstückt fleißig, wie ich sehe! Du, Rufe, was hast du damit eigentlich vor?‹

›Ich pack's in eine Kiste‹, sagt er, ›und schick's mit der Expresspost nach Mount Nebo zu meiner Ma. Es soll ihr ein bisschen Gesellschaft leisten, solang ich weg bin.‹

›Ein richtig feines Schwein ist das‹, sag ich und kraule dem Vieh den Nacken.

›Gestern Abend hast du es noch ganz anders genannt‹, sagt Rufe.

›Tja, weißt du‹, sag ich, ›heute Morgen ist es mir auf

einmal viel sympathischer. Ich bin ja selbst auf einer Farm aufgewachsen und kann Schweine gut leiden. Aber auf dem Lande bin ich immer vor Sonnenuntergang ins Bett, also habe ich früher nie ein Schwein im Lampenlicht gesehen.‹ Und dann sag ich: ›Weißt du was, Rufe? Ich will dir zehn Dollar für dieses Schwein zahlen.‹

›Ich kanns nicht verkaufen‹, sagt er. ›Jedes andere schon, nur dieses nicht.‹

›Wieso das denn?‹, frage ich und mache mir schon Sorgen, ob er nicht etwas weiß.

›Weil –‹, sagt er, ›weil es ist das Beste, was ich je geleistet hab im Leben. Das hätte kein anderer hingekriegt. Wenn ich mal nen Kamin und ne Familie hab, will ich den Kindern erzählen, wie ihr Pa aus einem Zirkus vor den Nasen der ganzen Leute dieses Schwein gekrallt hat. Und meinen Enkelkindern auch! Die werden mächtig stolz auf mich sein, was? Stell dir das mal vor: So zwei verbundene Zelte, und der Borg hier auf einer Plattform, mit einer dünnen Kette angebunden. Und in dem anderen Zelt ein Riese und eine Dame mit schönem weißem Bart. Da mache ich die Kette los, schnappe mir das Schwein und krieche unter dem Zelt raus, und es gibt keinen Pieps von sich! Ich steck es mir unter den Mantel und dann laufe ich an Hundert Leuten vorbei, bis endlich die dunklen Gassen kommen. Nee, dieses Schwein kann ich nicht verkaufen, Jeff. Ich will, dass Ma da drauf aufpasst, weil das Zeuge sein soll für meine Leistung.‹

›Kein Schwein lebt so lange‹, sag ich, ›dass du es als Beweisstück für deine senilen Ausschweifungen am Kamin gebrauchen könntest. Da müssen die Enkelkinder schon dein Wort dafür nehmen. Ich zahle dir hundert Dollar für das Tier.‹

Rufe schaut mich ganz verblüfft an.

›Warum soll das Viech dir denn so viel wert sein?‹, fragt er. ›Was willst du damit?‹

›Man ahnt es vielleicht nicht auf den ersten Blick‹, sag ich und erlaube mir ein kleines Lächeln, ›aber ich habe ein artistisches Temperament. Ich bin ein Sammler von Schweinen. Ich habe die ganze Welt nach ausgefallenen Exemplaren abgesucht. Im Wabash Valley führe ich eine Schweineranch mit den schönsten Arten, vom Merino bis zum Deutschen Sattelschwein. Das scheint mir ein reinrassiges Individuum zu sein, Rufe. Ein echtes Berkshire, wenn mich nicht alles täuscht. Und gerade ein Berkshire fehlt meiner Sammlung!‹

›Ich würde dir ja gerne entgegenkommen‹, sagt er, ›aber ich hab auch ein arthritisches Temperament. Warum soll es keine Kunst sein, wenn du besser ein Ferkel mopsen kannst als alle und jeder! Ja, Schweine sind mir eine Quelle der Transpiration. Vor allem dieses. Ich würd es nicht mal für zweihundertfünfzig verkaufen.‹

›Hör mal‹, sag ich und wische mir die Stirn ab. ›Es geht mir ja nicht ums Geschäft, sondern vielmehr um die Kunst, und nicht so recht um die Kunst, sondern vielmehr um Philanthropie. Als Schweineconnaisseur muss ich meine Sammlung mit diesem Berkshire-Ferkel komplettieren, sonst verstieße ich gegen meine Pflicht der Menschheit gegenüber. Ich folge also nicht dem Wert an sich, sondern der Ethik des Schweins als Freund und Gesellschafter des Menschen, wenn ich fünfhundert Dollar für das Tier biete.‹

›Jeff‹, sagt dieser Schweineästhet, ›mir gehts ja auch nicht um Geld; es geht mir ums Gefühl.‹

›Siebenhundert‹, sag ich.

›Achthundert‹, sagt Rufe, ›und ich reiße mir das Gefühl aus der Seele.‹

Ich greife in meinen Geldgürtel und zähle ihm vierzig Zwanziger aus.

›Dann nehme ich das Schweinchen mal mit aufs Zimmer‹, sag ich, ›und schließe es ab, solange ich frühstücke.‹

Ich packe das Vieh am Hinterbein, da quiekt es los wie die Dampforgel im Zirkus.

›Lass mich das Kleine tragen‹, sagt Rufe. Er nimmt das Biest unter den Arm, legt ihm die Hand auf den Rüssel und trägt es auf mein Zimmer wie ein schlafendes Baby.

Seit ich mich um Rufes Aussteuer gekümmert hatte,

wurde er von einer chronischen Kauflustentzündung geplagt. Nach dem Frühstück sagt er also, er will mal rüber zu Misfitzky, sich ein paar lila Socken aussuchen. Da spute ich mich wie ein Einarmiger mit Nesselsucht beim Tapetenkleben: Ich finde einen alten Schwarzen mit Karren und miete seine Dienste an; zusammen stopfen wir das Schwein in einen Sack und bringen es zum Zirkus.

Und da sitzt auch schon George B. Tapley in einem kleinen Zelt mit offener Fensterklappe – so ein Dickerchen mit schwarzer Mütze, schneidendem Blick und einem vier Unzen schweren Diamanten als Stecknadel an seiner roten Strickjacke.

›Sind Sie George B. Tapley?‹, frag ich.

›So wahr mir Gott helfe‹, sagt er.

›Tja, ich hab's mitgebracht‹, sag ich.

›Bitte einmal präzisieren‹, sagt er. ›Sind Sie die Meerschweinchen für den Tigerpython oder die Alfalfa für den heiligen Büffel?‹

›Weder noch‹, sag ich. ›In einem Sack in diesem Karren habe ich Beppo, das Gebildete Schwein. Ich habe ihn heute Morgen entdeckt, wie er die Blumen in meinem Garten umwühlte. Die 5000 Dollar nehme ich in großen Scheinen, wenn's Ihnen recht ist.‹

Da eilt George B. hinaus und meint, ich solle mitkommen. Er führt mich in eins der Zelte – und da liegt im Heu ein pechschwarzes Schwein mit rosa

Schleife um den Hals und wird gerade mit Karotten gefüttert.

›Hey, Mac‹, ruft G. B. ›Dem Star gehts doch gut, oder?‹

›Diesem hier? Klar‹, sagt der Mann. ›Hat Appetit wie ein Revuegirl um ein Uhr nachts.‹

›Wie kommen Sie denn auf diesen Unsinn?‹, fragt Tapley. ›Gestern Abend zu viele Schweinekoteletts gegessen?‹

Ich ziehe die Zeitung heraus und lasse ihn die Anzeige sehen.

›Gefälscht‹, sagt er. ›Ich hatte damit nichts zu tun. Sie haben ja mit eigenen Augen gesehen, wie das weltberühmte Schweinewunder mit übernatürlichem Scharfsinn seine Morgenmahlzeit verzehrt, gänzlich unentwischt und ungestohlen. Einen schönen Tag wünsche ich.‹

Da dämmert es mir. Ich steige in den Karren und sage seinem Besitzer, er soll bis zum Ende der nächsten Gasse fahren. Dort hol ich das Schwein aus dem Sack, visiere das Ziel genau an und gebe ihm so einen Tritt, dass es am anderen Ende der Gasse landet – zwanzig Fuß vor dem eigenen Quieken.

Dann zahle ich dem Mann seine fünfzig Cent und laufe zum Zeitungsbüro, um es noch mal ganz klar und deutlich zu hören. Ich komme da also an und rufe den Werbemann an sein Fensterchen.

›Könnten Sie helfen, eine Wette zu entscheiden?‹, sag ich. ›Der Mann, der gestern diese Anzeige hier aufgegeben hat – war das nicht so ein kleiner Dicker, mit langem schwarzem Schnurrbart und Klumpfuß?‹

›Nichts dergleichen. Er war etwa sechs Fuß groß, schlank, strohblond und hatte ein ganzes Blumenbeet an.‹

Gegen Mittag bin ich dann wieder bei Mrs Peevy.

›Soll ich Mr Tatum etwas Suppe warmhalten, bis er zurückkommt?‹, fragt sie.

›Wenn Sie das versuchen, Ma'am‹, sage ich, ›werden Sie ganz umsonst alle Kohle unter der Erde und alle Wälder darüber verheizen.‹

Da sieht man also«, schloss Jefferson Peters ab, »wie es in der Welt um redliche Geschäftspartner bestellt ist.«

»Aber«, nahm ich mir als alter Bekannter die Freiheit zu sagen, »die Regeln sollten doch wohl für beide gelten. Hättest du nur angeboten, die Belohnung zu teilen –«

Der würdevolle Vorwurf in Jeffs Blick brachte mich zum Schweigen.

»Das sind doch zwei Paar Schuhe«, versetzte er. »Ich wollte lediglich spekulieren: Das ist doch wohl legitim und unverwerflich! Machen die an der Wall Street denn etwas anderes als billig kaufen und teuer verkaufen? Bullen, Bären, Schweine; Hörner, Tatzen, Borsten – wo ist da schon der Unterschied?«

# Das missglückte Monopol

»Ein Monopol ist sein eigener Schwachpunkt«, verkündete Jeff Peters.

»Das«, erwiderte ich, »klingt mir nach einer dieser unergründlichen Bemerkungen wie etwa ›Warum ein Polizist?‹«

»Keineswegs«, sagte Jeff. »Zu der Polizei sehe ich da keinerlei Beziehung. Was ich dir mitteile, ist vielmehr ein Sologismus – ein Epitaphogramm – ja, eine Art logische Achse. Will sagen: Ein Monopol ist wie ein Ei, und doch nicht wie ein Ei. Willst du ein Ei aufschlagen, musst du außen ansetzen. Ein Monopol kannst du aber nur von innen zerstören. Du sitzt einfach darauf, bis etwas schlüpft. Schau dir doch mal all die jungen Colleges und Büchereien an, die überall im Land nur so piepen und zwitschern. Jawohl, jedes Monopol trägt die Saat seiner eigenen Zerstörung in sich: wie ein Hahn, der es wagt, in der Nähe eines schwarzen Methodistencamps in Georgia zu krähen – oder ein Republikaner, der in Texas für das Gouverneursamt kandidiert.«

Nur so aus Jux fragte ich Jeff, ob sich in seiner farbenprächtigen, bunten, scheckigen und karierten Laufbahn jemals etwas ergeben hätte, das man als »Monopol« hätte bezeichnen können. Zu meiner Überraschung bekannte er sich schuldig.

»Einmal«, sagte er. »Und nie hatte das Staatssiegel von New Jersey Papiere geziert, die Möglichkeiten für so soliden, sicheren und legalen Schmu eröffneten. Alles war auf unserer Seite – Wind, Wasser, Polizei, Courage und ein sauberes Monopol auf ein für die Öffentlichkeit unverzichtbares Artikulum. Kein Wettbewerbshüter der Welt hätte in unserem Plan auch nur eine Schwachstelle gefunden. Dagegen war Rockefellers kleine Petroleum-Spekulation die reinste Winkelbörse. Aber das alles hat nichts geholfen.«

»Es gab wohl plötzlich Widerstand?«, vermutete ich.

»Oh nein. Es war genau, wie ich gesagt habe: Wir haben uns selbst unten miniert. Ein Fall von Auto-Suppression. Wie sagte Shakespeare noch mal? Etwas war faul im Stall von Danny Mark!

Andy Tucker und ich waren ja eine ganze Zeit lang Partner gewesen. Der Mann war Reiseleiter bei den krümmsten Touren, die ich je gesehen habe. Wann immer er Geld in der Hand eines anderen sah, nahm er es ihm erstens übel und zweitens weg. Dabei war er nicht nur gebildet, sondern wusste auch jede Menge; mit der ganzen praktischen Erfahrung aus den vielen Büchern konnte er stundenlang Gespräche über jeden Gegenstand konversieren. Und semilegale Geschäfte jeder Schattierung waren sein Ding, ob nun Großhandel mit falschem Holzgeist aus Muskatnuss in Connecticut oder Vorträge über Palästina zu Zauberlaternen-Bildern einer Maßschneider-Tagung in Atlantic City.

Eines Frühlings waren Andy und ich mal kurz in Mexiko, wo uns ein Kapitalist aus Philadelphia 2500 Dollar für die Hälfte einer Silbermine in Chihuahua zahlte. Aber nein doch, mit der Mine war alles in bester Ordnung; die andere Hälfte war bestimmt gut zwei- oder dreitausend wert. Ich habe mich immer schon gefragt, wem diese Mine eigentlich gehörte.

Jedenfalls waren wir dann wieder in den Staaten und stießen uns die Zehen an einer Siedlung in Texas, am Ufer des Rio Grande. Bird City hieß sie, es war aber weit und breit kein einziger Vogel zu sehen, dafür jede Menge Männer – Frauen waren unter den 2000 Einwohnern rar. Soweit ich sehen konnte, verhalf der hohe Chaparall rund um die Siedlung den meisten zu ihrem Lebensunterhalt. Da waren Viehzüchter, Glücksspieler, Pferdespekulanten; viele betätigten sich auch in der Schmugglerbranche. Andy und ich hatten uns in einem Hotel einquartiert, so einer Art bewohnbarem Bücherregal mit Dachgarten. Seit unserem ersten Tag dort regnete es ohne Unterlass. Wie man so schön sagt, da hat der alte Göttervetter Zeus hoch auf dem Polyp alle Wasserhähne aufgedreht.

Bird City hatte drei Saloons vorzuweisen. Andy und ich waren selbst keine Trinker, aber die Einheimischen eierten den ganzen Tag und die halbe Nacht zwischen ihnen im Dreieck hin und her. Offensichtlich wussten sie alle bestens, was sie mit ihrem guten Geld anfangen sollten.

Am dritten Nachmittag ließ der Regen etwas nach; da schlenderten Andy und ich an den Stadtrand und begutachteten die Schlammlandschaft. Bird City saß zwischen dem Rio Grande und einem tiefen, breiten Arroyo, wo früher das Flussbett gewesen war. Nun hatte der Regen für Hochwasser gesorgt; der Deich zwischen Rio und dem alten Bett steckte voller Risse und hielt es gerade noch aus. Andy schaute sich das Ganze gut an, und ich hörte, wie seine grauen Zellen in Bewegung kamen. Was ihm da entsprudelte, war die Idee für ein wasserdichtes Monopol, und sogleich machten wir uns daran, sie der Wirklichkeit zuzuführen.

Zuerst begeben wir uns in den größten Saloon in Bird City, den Blue Snake, und erwerben ihn prompt für 1200 Dollar. Dann schauen wir bei Mexican Joe vorbei, plaudern ein bisschen übers Wetter und kaufen ihm seine Lehmhütte für 500 Dollar ab. Der dritte Saloon kostet uns gerade mal 400.

Am nächsten Morgen wacht Bird City auf und ist eine Insel. Der Fluss hatte den Deich durchbrochen und sich in sein altes Bett gestürzt; rund um die Siedlung brodeln die Ströme. Dabei regnet es immer noch, und im Nordwesten ziehen schwere Wolken auf, die in den nächsten zwei Wochen noch mal sechs durchschnittliche Jahresniederschläge versprechen. Das Schlimmste steht den Bewohnern aber noch bevor.

Bird City hüpft also aus seinem Nestchen, spreizt die Schwungfedern und fliegt hinaus – mit der Absicht, den üblichen frühen Wurm zu trinken. Aber siehe da – Mexican Joes Laden ist zu, ebenso wie die andere kleine Rettungsstation. Da gibt die breite Öffentlichkeit natürlich wehleidige Laute von sich und steuert durstig und bestürzt schnurstracks auf den Blue Snake zu. Und was sieht sie dort?

Hinter der Theke steht Jefferson Peters, ein Revolver zu seiner Rechten, einer zu seiner Linken, bereit für Geld- oder Schusswechsel, je nachdem. Drei Barkeeper sind zur Stelle, und an der Wand hängt ein zehn Fuß großes Schild mit der Aufschrift ›Jeder Drink ein Dollar‹. Andy sitzt in seinem adretten blauen Anzug auf dem Tresor, raucht eine Zigarre mit Goldband und hält Ausschau nach Eventualitäten. Der Sheriff ist mit zwei Helfern zur Stelle, um für Ordnung zu sorgen und unentgeltlich an der Verkostung zu partizipieren.

Tja, innerhalb von zehn Minuten wird der Stadt klar, dass sie im Käfig steckt. Wir dachten, es würde Ärger geben, aber nein. Der Vogel war gefangen und fügte sich in sein Schicksal. Die nächste Eisenbahn war dreißig Meilen entfernt, und der Fluss würde in frühestens zwei Wochen wieder passierbar sein. Also fluchen alle nur recht freundlich vor sich hin und werfen Dollars auf die Theke, dass es wie ein Xylofon klimpert.

Nun gab es in Bird City anderthalb tausend volljährige Erwachsene, und die meisten brauchten drei bis zwanzig Drinks pro Tag, um das Leben erträglich zu machen. Solange das Hochwasser andauerte, war Blue Snake für sie die einzige Zuflucht. So elegant und einfach war das – wie jeder richtig gute Schwindel.

Gegen zehn Uhr lässt die Musik nach; die Silberdollars auf der Theke spielen nur noch Twostepps und Märsche statt Jigs. Aber als ich aus dem Fenster schaue, sehe ich ein paar Hundert unserer Kunden vor der Bird City Bank Schlange stehen – sie würden sich also nur die nötigen Mittel besorgen und in die Fänge des Monopols zurückkehren.

Um Punkt zwölf gehen alle nach Hause essen, wie es sich in feiner Gesellschaft gehört. Wir sagen also den Barkeepern, sie sollen von der Flaute Gebrauch machen und das Gleiche tun, bleiben unter uns und zählen die Einnahmen. 1300 Dollar. Wenn Bird City noch zwei Wochen lang eine Insel bleibt, rechnen wir uns aus, könnten wir der Chicago University einen neuen Flügel mit separaten Gummizellen für jeden Dozenten schenken, und jedem würdigen Armen in Texas eine Farm bauen, solange er das Grundstück dafür kauft.

Andy steigt der Erfolg bis in den Haaransatz, da die Grundzüge des Plans ja seinen Spekulationen, Intuitionen und Kognitionen entstammen. Er steigt vom Tresor und zündet sich die größte Zigarre an, die er im Saloon finden kann.

›Jeff‹, sagt er, ›weder in Bird City noch sonst irgendwo auf der Welt findest du einen Raubvogel, der es so gut versteht, aus dem Proletariat Kapital zu schlagen. Da hat die Firma Peters, Tucker & Satan, Inc., dem kleinen Verbraucher einen rechten Schlag in den solaren Plexus versetzt!‹

›Tja‹, sag ich, ›sieht wirklich so aus, als ob wir uns wohl oder übel Golfschläger, Kilts und Gastritis zulegen sollten. Diese kleine Schnapsidee läuft wie geschmort. Und damit kann ich gut leben. Lieber reich und gesund als arm und krank, sag ich immer.‹

Da gießt sich Andy unseren besten Rye Whiskey ein, vier Finger hoch, und befördert ihn in die dafür vorgesehene Öffnung. Ich hatte ihn nie zuvor trinken sehen.

›Auf Herpes, unseren Schutzpatron!‹, sagt er.

Nachdem er so der heidnischen Gottheit Tribun gezahlt hat, trinkt er noch eins auf unseren Erfolg. Und dann auf die Wirtschaft überhaupt, von der Northern Pacific Railway und der Margarine-Sondersteuer, bis zu Schulbuchdruckern und dem Great-Scott-Kohlekonglomerat.

›Es ist ja schön und löblich, Andy‹, sag ich, ›unsere Mitmonopolisten in Ehren zu halten, aber lass langsam gut sein mit den Trinksprüchen. Du weißt doch: Die größten Multikorruptionäre, die allseitigen Ruhm und Hass genießen, nehmen nichts zu sich als schwachen Tee und Zwieback.‹

Darauf geht Andy kurz ins Hinterzimmer und kommt in seinem besten Anzug wieder heraus. In seinen Augen liegt etwas Mörderisch-Beseeltes, eine Art sanfter Aufruhr, der mir gar nicht gefällt. Ich schaue also genau hin und frage mich, was für eine Wendung der Whiskey in ihm wohl nehmen würde. Bei zwei Gelegenheiten im Leben weiß man nämlich nie, was passiert, und zwar wenn ein Mann seinen ersten Drink nimmt – oder eine Frau ihren vorletzten.

In unter einer Stunde ist Andy blauer als ein Veilchenfeld. Nach außen wirkt er noch ganz anständig und hält sein Äquitorium, aber innerlich ist er voller Anwandlungen und Kapriolen.

›Jeff‹, sagt er, ›weißt du was – ich bin ein Krater!‹

›Ach was, Andy‹, sag ich, ›keine falsche Bescheidenheit. Du bist mindestens ein Fünfkaräter.‹

›Nein, hör mal, ich bin ein Krater! Ein Vulkan!‹, sagt

er. ›Ich brenne innerlich geradezu vor den vielen Wörtern und Weisheiten, die in mir überkochen und überquellen und nach einem Exodus trachten. Die Synonyme! Die Syntax! Ich spüre, wie das alles hinaus will. Ich muss eine Rede halten. Das Trinken erweckt in mir immer den Orator.‹

›Na, dann gute Nacht‹, sag ich.

›Seit ich mich entsinnen kann‹, meint er, ›hat Alkohol meinen Sinn für Rezitation und Rhetorik beflügelt. Als William Bryan seinen zweiten Wahlkampf hatte, da konnte ich nach drei Gin Rickeys zwei Stunden länger als er über den Silberstandard reden. Irgendwann wurde mir aber nahegelegt, Standard sei Silber, doch Schweigen sei Gold, und ich solle doch bitte mal eine Entzugskur machen.‹

›Wenn du dein überflüssiges Vokabular loswerden musst‹, sag ich, ›warum gehst du nicht raus ans Flussufer und lässt los? Gab es da nicht so einen alten Griechen, der am Meer spazieren ging und sein Oratorium den Wellen vorartikulierte?‹

›Nein‹, sagt Andy, ›ich brauche ein Publikum. Wenn ich erst mal loslege, da kann ich den alten Senator Beveridge zur Großen Sphinx vom Wabash wählen lassen. Ich brauche ein Publikum, Jeff, um meine Eloquentiertheit zu ventilieren, sonst wird die verbale Obstipation noch chthonisch, und dann laufe ich herum wie die gesammelten romantischen Werke der Mrs

E. D. E. N. Southworth, Luxus-Ausgabe mit goldverziertem Ledereinband.‹

›Welchen Themen und Theoremen gilt deine rhetorische Lust denn insbesondere?‹

›Das ist mir gänzlich indifferent. Ich vermag es, gleichermaßen logistisch und affektiv über jedes Thema zu parlieren, sei es russische Migration, Keats Lyrik, die neuen Zollabgaben, kabylische Literatur oder Entwässerung – und mein Publikum wird abwechselnd weinen, schluchzen, heulen und Tränen vergießen.‹

›Tja, Andy‹, sag ich, ›wenn du unbedingt deinen Wortschwall loswerden musst, kannst du ja in die Stadt raus und irgendeinen braven Bürger damit behelligen, der es dulden will. Ums Geschäft werden die Jungs und ich uns schon kümmern. Es dürften alle bald mit dem Essen fertig sein, und vom Pökelfleisch mit Bohnen kriegt man mächtig Durst. Bis Mitternacht sollten es noch mindestens 1500 Dollar mehr werden.‹

Also verlässt Andy den Blue Snake, und ich sehe, wie er in der Straße den einen und anderen anhält und vollquatscht. Schon hört ihm ein halbes Dutzend zu, und ziemlich bald steht er vor einer beträchtlichen Menge an der Ecke, fuchtelt mit den Armen und rhetorisiert vor sich hin, was das Zeug hält. Dann läuft er los, und alle ihm nach, und er redet und redet, und führt sie die Hauptstraße von Bird City hinunter, und immer mehr stoßen dazu. Ich musste an den alten Trick denken, von dem ich mal gelesen habe, wie der Rattenfänger von Hammern alle Kinder aus der Stadt weggeführt hat.

Es schlägt eins; dann zwei; dann kommt auch die drei angekrabbelt – und kein einziger Bird-Bürger lässt sich im Saloon blicken. Die Straßen sind menschenleer bis auf ein paar Enten und ein paar Ladys, die einkaufen gehen. Dabei nieselt es auch nur ganz leicht.

Da kommt ein Mann vorbei und bleibt vor dem Blue Snake stehen, um sich den Matsch von den Stiefeln zu kratzen.

›Hey Partner‹, sag ich, ›weißt du, was hier los ist? Heute früh ging es noch so feucht-fröhlich zu, und jetzt liegt die Stadt unter Asche wie Pampa, wo nur noch Echsen über die Ruinen huschen …‹

›Die stecken doch alle in Sperrys Wolllager und hören deinem Kumpel zu‹, sagt der Schlammige. ›Er hats ja richtig drauf, das orale Sprechen über Themen und Angelegenheiten.‹

›Tja, ich hoffe, er vertagt sich bald, non plus ultra‹, sag ich. ›Das Geschäft leidet.‹

Den ganzen Nachmittag lang kommt kein einziger Kunde. Um sechs Uhr bringen zwei Mexikaner einen Burro herein, und Andy hängt ihm quer über den Rücken. Während wir ihn ins Bett legen, murmelt er weiter vor sich hin und gestikuliert mit Händen und Füßen.

Dann schließe ich das Geld ein und gehe hinaus, um nachzusehen, was passiert war. Der erste Kerl, der mir über den Weg läuft, klärt mich auch schon auf: Andy habe zwei Stunden lang eine Rede gehalten, die in Texas oder sonst wo auf der Welt ihresgleichen suche.

›Worum ging es denn?‹, frag ich.

›Abstinenz‹, sagt er. ›Und als er fertig war, hat jeder Mann in Bird City geschworen, ein Jahr lang keinen Tropfen zu trinken.‹«

# Die dritte Zutat

Das Vallambrosa-Apartmenthaus ist eigentlich kein Apartmenthaus. Es sind zwei zusammengeschweißte altmodische Brownstone-Wohnhäuser. Im Erdgeschoss auf der einen Seite schimmern die Stoffe und Hüte einer Modistin fröhlich um die Wette, auf der anderen glänzen düster die grausamen Instrumente eines angeblich schmerzfreien Zahnarztes. Hier lässt sich ein Zimmer für zwei Dollar die Woche nehmen, oder auch für zwanzig. Im Vallambrosa mieten sich Stenografinnen und Musikerinnen ein, Börsenmakler, Shopgirls und Schreiberlinge, Kunststudentinnen und Schwindler und allerlei andere Leute, die sich allesamt weit über das Geländer lehnen, wenn es an der Tür klingelt.

Diese Abhandlung befasst sich nur mit zwei Vallambrosianerinnen – was keinesfalls den anderen gegenüber despektierlich gemeint ist.

Als Hetty Pepper um sechs Uhr abends zum Vallambrosa zurückkehrte, wo sie ein Dreieinhalb-Dollar-Hinterzimmer im zweiten Stock bewohnte, waren ihre

Nase und Kinn noch spitzer als sonst. Wenn man mit fünfzehn Cent in der Tasche aus dem Kaufhaus entlassen wird, in dem man vier Jahre lang gearbeitet hat, werden die Gesichtszüge schon mal kantiger.

Während Hetty Treppen steigt, wollen wir ihren Lebenslauf zusammenfassen.

Vier Jahre zuvor hatte sie eines Morgens mit fünfundsiebzig anderen jungen Frauen den Biggest Store betreten, um sich für einen Job hinter dem Blusentresen zu bewerben. Die Kolonne der Arbeitssuchenden war von verwirrender Schönheit, und die Gesamtmasse von blondem Haar hätte für einhundert galoppierende Lady Godivas gereicht.

Der tüchtige, unpersönliche, kühle und kahlköpfige junge Mann, der sechs Bewerberinnen auszusuchen hatte, spürte, dass er gleich ersticken, gleich untergehen würde in diesem Meer aus Blumendüften, während handbestickte weiße Wölkchen über ihm schwebten. Und dann kam ein Segel in Sicht. Hetty Pepper, die nicht gerade hübsch war, mit kleinen, verächtlichen grünen Augen und schokoladenbraunem Haar, in einem einfachen Leinenkostüm und mit vernünftigem Hut, stand vor ihm, ohne auch nur eins von ihren neunundzwanzig Lebensjahren zu verbergen.

»Sie sind eingestellt!«, rief der kahle Jüngling – und ward gerettet. Und so begann Hetty ihre Arbeit im Biggest Store. Die Geschichte ihres Aufstiegs zu einem

Wochenlohn von 8 Dollar vereint in sich die Leiden und Heldentaten von Hercules, Jeanne d'Arc, St. Hunna, Hiob und Rotkäppchen. Was ihr Anfangslohn war, sollen Sie von mir nicht erfahren. Dieses Thema wird immer brisanter, und ich möchte nicht, dass irgendein Millionär, dem so ein Laden gehört, die Feuerleiter zu meiner Mietwohnung erklimmt und eine Ladung Dynamit durch die Dachluke in mein Boudoir wirft.

Hettys Entlassung aus dem Biggest Store ähnelte ihrer Einstellung so sehr, dass ich Gefahr laufe, die Leserschaft zu langweilen.

Jede Abteilung des Stores hat eine allwissende, allgegenwärtige und allesfresserische Person mit Notizblock und rotem Schlips, die kontrolliert, welchen Eindruck die Verkaufenden auf die Kaufenden machen. Die Schicksale der jungen Frauen, die … (siehe Daten des Statistikamtes) pro Woche verdienen, hält diese Person fest in der Hand.

Nun war der Herrscher über Hettys Abteilung ein tüchtiger, unpersönlicher, kühler und kahlköpfiger junger Mann. Wenn er durch sein Reich schritt, segelte er gleichsam über ein Meer aus Blumendüften, und weiße Wölkchen, inzwischen maschinell bestickt, schwebten über ihm. Des Süßen wird man irgendwann überdrüssig. Er sah Hetty Peppers schlichtes Gesicht, ihre smaragdgrünen Augen, ihr schokoladenbraunes Haar – und all das war ihm eine ersehnte Insel im Meer überzuckerter Schönheit. In einem ruhigen Winkel kniff er sie freundlich in den Arm, drei Zoll über dem Ellbogen. Sie holte mit ihrer muskulösen und nicht allzu lilienweißen Rechten aus, und der junge Mann flog drei Fuß zur Seite. Jetzt wissen Sie, warum Hetty Pepper gefeuert wurde – mit einer Frist von dreißig Minuten und mit fünfzehn Cent in der Tasche.

Nun kostet ein Pfund Rippenfleisch heute sechs Cent. Aber an dem Tag, als Hetty entlassen wurde, kostete es siebeneinhalb. Sonst wäre diese Geschichte gar nicht passiert. Denn mit dem verbliebenen Geld hätte –

Da aber fast alle guten Geschichten dieser Welt darauf aufbauen, dass jemandem etwas fehlt, sollten Sie auch an dieser nichts auszusetzen finden.

Mit einem Stück Fleisch in petto stieg Hetty also die Treppe zu ihrem Dreieinhalb-Dollar-Zimmer hoch. Ein heißes, herzhaftes Rinderragout zum Abendessen, eine gute Mütze Schlaf, und am Morgen würde sie wieder die Kraft haben, sich um die Stellen von Hercules, Jeanne d'Arc, St. Hunna, Hiob und Rotkäppchen zu bewerben.

In ihrem Zimmer holte sie die Emaille-Kasserolle aus dem zwei mal vier Fuß großem Geschirrschränkchen und machte sich auf die Suche nach Kartoffeln und Zwiebeln. Nachdem sie das ganze Rattennest von

Papiertüten durchwühlt hatte, wurden ihre Nase und Kinn noch ein klein wenig spitzer.

Keine einzige Kartoffel da, und keine einzige Zwiebel. Nun fragt sich aber: Lässt sich aus Rind allein ein Rinderragout machen? Man kann Austern- oder Schildkrötensuppe ohne Austern und Schildkröten kochen, das schon, aber Rinderragout ohne Kartoffeln und Zwiebeln – das geht nicht.

Doch schließlich ist Hunger der zweitbeste Koch: Mit Salz und Pfeffer und einem Esslöffel Mehl (in kaltem Wasser verrührt) kommt's hin – es ist zwar kein Hummer, aber auch kein Humbug. Es kommt hin.

Hetty trug ihre Kasserolle ans Ende des Flurs im zweiten Stock. Laut den Vallambrosa-Anzeigen gab es hier laufendes Wasser. Zwischen uns (und dem Wasserzähler): Das Wasser lief hier nicht so sehr, als dass es in aller Ruhe durch die Leitung schlenderte, aber das Technische ist nicht unser Thema. Hier gab es jedenfalls Wasser und eine Spüle, zu der die Bewohnerinnen des Öfteren ihre Kimonos spazieren führten, um Kaffeesatz auszuschütten und sich gegenseitig kritisch zu beäugen.

An dieser Spüle also entdeckte Hetty nun eine junge Frau mit schwerem goldbraunem Haar und traurigen Augen. Sie war damit beschäftigt, zwei große Kartoffeln zu waschen. Hetty kannte Vallambrosa so gut, wie es ohne ein Detektiv-Set mit extrastarker

Lupe nur ging. Die Kimonos waren ihre Enzyklopädie, ihr »Who's who?«, ihre Zentrale für Zugänge, Abgänge und sonstige Neuigkeiten. Von einem rosa Kimono mit blassgrünem Saum wusste sie, dass es sich bei dem Kartoffelmädchen um eine Malerin handelte, eine »Miniaturistin«, was auch immer das sein mochte. Sie wohnte ganz oben in einem Kämmerlein, das sie Atelier nannte. Was sie bemalte, waren offenbar keine Häuser. Diese Art Maler trägt nämlich farbverdreckte Overalls, stößt einem auf der Straße die Leiter ins Gesicht und frönt dem Essen im Überfluss – und nichts aus dieser Liste würde man über diese Frau vermuten.

Das Kartoffelmädchen war klein und dünn, und mit ihren Kartoffeln ging sie so unbeholfen um wie ein Junggeselle mit einem zahnenden Baby-Neffen. In der Rechten hielt sie ein stumpfes Schustermesser und machte sich gerade daran, die erste Kartoffel zu schälen.

Hetty sprach sie an: mit betonter Höflichkeit, aber sichtlich bereit, sogleich alle Formalitäten fallen zu lassen.

»Verzeihung«, sagte sie, »wenn ich hier meine Nase in fremde Töpfe stecke, aber diese Kartoffeln so zu schälen ist Geld zum Fenster raus. Das sind junge Bermudas, die muss man schrubben. Hier, ich will es mal zeigen –«

Sie übernahm die Kartoffel und das Messer.

»Oh, danke«, hauchte die Künstlerin. »Ich hatte ja keine Ahnung. Und ich finde es selbst furchtbar schade, dass mit der Schale so viel abgeht. Die reinste Verschwendung! Ich dachte nur, da wäre nichts zu machen. Wenn man nur Kartoffeln zu essen hat, macht auch das Schälen einen Unterschied …«

»Sag mal«, sprach Hetty, das Messer in der Luft, »du steckst auch in der Klemme, was, Mädchen?«

Die Miniaturistin lächelte hungrig.

»Das kann man wohl so sagen. Kunst – zumindest Kunst, wie ich sie verstehe – scheint nicht sonderlich gefragt. Ich habe nur diese Kartoffeln hier fürs Abendessen. Aber sie sind gar nicht so schlecht, frischgekocht und heiß, wenn man ein wenig Butter und Salz dazu hat …«

»Kindchen«, sagte Hetty, und ein flüchtiges Lächeln erweichte ihre kantigen Züge, »das Schicksal hat uns zusammengeführt. Ich sitze auch in der Tinte. Aber ich habe in meinem Zimmer ein gutes Stück Fleisch, ungefähr so groß wie ein Schoßhund. Und was ich nicht alles getan habe, um an ein paar Kartoffeln zu kommen – nur gebetet nicht. Ich sag dir was: Wir wollen die Vorräte zusammentun und bei mir auf dem Zimmer ein Ragout kochen. Wenn wir nur eine Zwiebel hätten! Du hast nicht zufällig ein paar Cent übrig, Mädchen, oder? Vielleicht sind ja welche im Winter ins Futter deines Robbenmantels gerutscht? Ich könnte mal schnell rüber zum alten Giuseppe an der Ecke und eine kaufen. So ein Ragout ohne Zwiebeln ist schlimmer als Mittagstheater ohne Bonbons.«

»Du kannst mich gern Cecilia nennen«, sagte die Künstlerin. »Und nein, ich habe meinen letzten Cent vor drei Tagen ausgegeben.«

»Tja, dann müssen wir die Zwiebel komplett auslassen statt in Butter«, seufzte Hetty. »Ich würde ja die Hausmeisterin fragen, aber ich will nicht zu früh verraten, dass ich mir einen neuen Job suchen muss. Schade, so eine Zwiebel wäre schon was Rechtes …«

In Hettys Zimmer machten sich beide an die Arbeit. Cecilias Aufgabe bestand darin, auf dem Sofa zu sitzen und mit ihrer zarten Täubchenstimme zu gurren, dass sie doch so gerne helfen würde. Hetty schnitt inzwischen das Fleisch, warf es in kaltes Salzwasser und stellte die Kasserolle auf den einzigen Gasbrenner.

»Hätten wir bloß eine Zwiebel«, sagte sie, während sie die zweite Kartoffel schrubbte.

An der Wand gegenüber hing ein prächtig grelles Plakat einer neuen Eisenbahnfähre, mit dem edlen Ziel gebaut, die Reisezeit zwischen Los Angeles und New York City um eine Achtelminute zu verkürzen.

Hetty, die beim Kochen einen lebhaften Monolog aufrechterhielt, drehte sich zu ihrer Besucherin um und sah, dass diese die idealisierte Darstellung der rasenden, dampfumwehten Maschine anstarrte und dass ihr dabei Tränen aus den Augen kullerten.

»Cecilia, Kindchen«, sagte Hetty, das Messer in der Hand, »ist das Bild denn so scheußlich? Ich bin ja keine Kritikerin, aber ich dachte, es bringt ein bisschen Farbe in den Raum. Tja, eine Maniküristin wird schon wissen, wenn's lausige Kunst ist. Wenn du willst, nehme ich es gleich runter. Ich schwöre beim Heiligen Kochtopf, ich würd's für eine Zwiebel weggeben!«

Aber die miniaturhafte Miniaturistin war schon schluchzend zusammengesunken und drückte ihr Näschen in den rauen Sofabezug. Einen solchen Effekt vermag eine kitschige Lithografie selbst bei dem sensibelsten Künstlertemperament nicht zu erzielen.

Hetty wusste, was nun kommen würde. Längst hatte sie ihre Rolle akzeptiert. Wie dürftig sind doch die Wörter, mit denen wir Menschen zu beschreiben versuchen! Wenn es ans Abstrakte geht, sind wir verloren. Je mehr wir uns in unserem Brabbeln der Natur nähern, umso mehr verstehen wir. Also wollen wir bildlich sprechen: Der eine Mensch ist eine Hand, der andere ein Fuß, der dritte ein Kopf, der vierte ein Muskel, der fünfte ein Rücken, der schwere Lasten trägt.

Hetty war eine Schulter. Eine kantige, sehnige Schulter, doch ihr Leben lang lehnten andere die Köpfe daran, tatsächlich oder metaphorisch, und ließen all ihre Sorgen, oder doch zumindest die Hälfte davon, bei ihr zurück. Anatomisch gesehen – und diese Sichtweise ist genauso gut wie jede andere – war sie zum Schultersein auserkoren. Es gab kaum verlässlichere Schlüsselbeine auf der Welt.

Hetty war erst dreiunddreißig, und noch spürte sie jedes Mal ein Stechen, wenn ein schönes junges Haupt sich trostsuchend an sie schmiegte. Aber ein Blick in den Spiegel war das beste Schmerzmittel. Also begutachtete sie flüchtig ihr Ebenbild auf der zerkratzen Glasfläche über dem Gasherd, drehte die Flamme unter dem blubbernden Ragout ein wenig herunter, ging zu Cecilia hinüber, und schon wurde aus dem Sofa ein Beichtstuhl.

»Erzähl's mir ruhig, Kindchen«, sagte sie und hob sanft Cecilias Kinn an, »ich sehe ja, dass du nicht wegen der Kunst weinst. Du hast ihn auf einer Fähre kennengelernt, was? Komm schon, Cecilia, erzähl's deiner – deiner Tante Hetty.«

Doch die Trauer der Jugend muss erst die Tränen verausgaben, auf deren See die Barke der Romantik zu ihrem lieblichen Inselhafen treibt. Als die Flut schließlich abgeebbt war, erzählte die Büßerin – oder die glorreiche Empfängerin heiliger Flamme? – der sehnigen Schulter ganz kunstlos und unverblümt ihre Geschichte.

»Es war erst vor drei Tagen. Ich hatte die Fähre auf dem Rückweg von Jersey City genommen. Der alte Mr.

Schrum, ein Kunsthändler, hat mir von einem reichen Mann in Newark erzählt, der eine Miniatur von seiner Tochter wollte. Ich habe mich auf den Weg gemacht, ihm meine Arbeiten gezeigt und gesagt, ein Porträt würde fünfzig Dollar kosten. Da lachte er auf wie eine Hyäne und meinte, ein zwanzig Mal größeres koloriertes Foto koste nur acht.

Ich hatte gerade noch genug Geld für die Fähre zurück nach New York. Ich wollte einfach nicht weiterleben! Und das sah man wohl auch, denn er – er saß auf der Bank gegenüber – schaute mich so an … so, als ob er alles verstehen würde. Er sah gut aus, und vor allem gutherzig. Und das ist ja das Wichtigste, wenn man unglücklich ist, und so ganz ohne Hoffnung.

Irgendwann kam ich gegen meine Verzweiflung nicht mehr an. Ich stand auf und ging langsam zur Hintertür der Kabine und hinaus. Dort war niemand; da huschte ich übers Geländer und sprang ins Wasser. Weißt du, Hetty, es war so unheimlich kalt!

Für einen Augenblick wünschte ich mir, ich wäre zurück im alten Vallambrosa, mit meinem Hunger und meinen Hoffnungen. Aber dann kam so eine Betäubung über mich, und mir wurde alles egal. Und dann spürte ich jemanden neben mir im Wasser, der mich hochzog. Er ist mir gefolgt – und hat mich gerettet.

Gleich darauf warf man so einen großen weißen Doughnut nach uns, und er sagte, ich solle die Arme durch das Loch stecken. Dann setzte die Fähre zurück, und man half uns hoch. Hetty, ich schämte mich so, dass ich so eine schlimme Sache versucht hatte! Und dann war auch noch mein Haar aufgegangen und klitschnass – ich sah bestimmt aus wie die reinste Vogelscheuche.

Dann kamen Leute in Blau, und er gab ihnen seine Visitenkarte und sagte, er hätte gesehen, wie meine Tasche übers Geländer gefallen war; ich hätte mich nach ihr hinuntergebeugt und wäre gestürzt.

Da fiel mir ein, was ich in den Zeitungen gelesen hatte: Dass Leute, die sich umzubringen versuchen, eingesperrt werden – zusammen mit Leuten, die andere umbringen! Und das machte mir dann richtig Angst.

Aber da liefen schon ein paar Damen auf mich zu, die auf der Fähre waren. Sie brachten mich in den Heizungsraum und trockneten mich ab, so gut es ging, und machten mein Haar zurecht. Als die Fähre dann andockte, holte er für mich ein Cab. Er war selbst triefend nass, aber er lachte, als wäre das Ganze ein Witz. Und dann fragte und fragte er mich nach meinem Namen und Adresse, aber ich wollte sie ihm nicht sagen. Ich schämte mich nämlich so!«

»Na das war aber dumm von dir, Kindchen«, sagte Hetty sanft. »Warte mal, ich mache ein bisschen mehr Licht. Gott, wenn wir bloß eine Zwiebel hätten!«

»Dann hob er seinen Hut«, fuhr Cecilia fort, »und sagte: ›Na gut. Ich werde Sie trotzdem finden und mein Bergerecht einfordern.‹ Dann bezahlte er den Cabman und sagte, er solle mich fahren, wohin ich wolle. Und weg war er. Sag mal, was heißt denn ›Bergerecht‹?«

»Wahrscheinlich das Recht, das bei den Wilden in den Bergen gilt«, sagte Hetty. »Dein kleiner Held dachte wohl, du siehst ziemlich unzivilisiert aus.«

»Es ist schon drei Tage her«, stöhnte die Miniaturistin, »und er hat mich immer noch nicht gefunden!«

»Da musst du schon die Frist verlängern«, sagte das Shopgirl Hetty. »Die Stadt ist groß. Überleg mal, wie viele Mädchen er abklappern muss – allesamt klitschnass und mit zerzaustem Haar natürlich, anders kennt er dich ja nicht. Das Ragout kommt gut voran, aber eine Zwiebel, Mensch, eine Zwiebel! Selbst Knoblauch wäre mir lieber als gar nichts.«

Das Rind und die Kartoffeln blubberten fröhlich vor sich hin und verströmten einen köstlichen Duft, dem jedoch ganz klar etwas fehlte; den Gaumen kitzelte ein quälendes Verlangen nach einer nicht vorhandenen und doch so notwendigen Zutat.

»Ich wäre in diesem furchtbaren Fluss ja wirklich beinahe ertrunken«, schauderte Cecilia.

»Nicht genug Wasser«, sagte Hetty. »Im Ragout, meine ich. Ich hole mal welches.«

»Riecht wunderbar«, sagte die Künstlerin.

»Was, der Hudson?«, fragte Hetty entgeistert. »Also ich finde, er stinkt nach Seifenfabriken und nassen Hunden. Ach so, das Ragout. Tja, schon, aber so ohne Zwiebel … Sah er denn reich aus?«

»Vor allem sah er gutherzig aus. Bestimmt ist er reich, aber das ist ja egal. Als er seine Börse öffnete, um den Cabman zu bezahlen, konnte ich nicht umhin, das Geld zu bemerken, Hunderte, Tausende Dollar. Und dann sah ich aus dem Cab, dass er in ein Automobil stieg, und sein Chauffeur reichte ihm ein Bärenfell; der Ärmste war ja klatschnass. Drei Tage ist es her!«

»So eine Dummheit!«, sagte Hetty.

»Was, ein Bärenfell? Ach nein, es wärmt bestimmt ganz wunderbar«, hauchte Cecilia. »Oder meinst du das Automobil? Es soll gar nicht so gefährlich sein, wenn der Chauffeur gut ist.«

»Ich meine dich«, sagte Hetty. »Du hättest ihm deine Adresse geben sollen.«

»Ich würde meine Adresse nie einem wildfremden Chauffeur geben!«, empörte sich Cecilia. »Ich bin doch nicht so eine!«

»So eine richtig scharfe, das wäre mir recht«, seufzte Hetty.

»Wie bitte?«

»Na, eine richtig scharfe Zwiebel fürs Ragout.«

Hetty stand auf und ging mit der Karaffe zur Tür.

Gerade als sie die Treppe erreichte, stieg ein junger Mann herunter. Er war anständig gekleidet, aber blass und abgehärmt, die Augen stumpf von irgendeinem körperlichen oder seelischen Leiden. In der Hand hielt er eine Zwiebel – eine rosige, feste, glatte, große Zwiebel, glänzend wie ein neuer Wecker.

Sie blieb stehen. Er auch. Hetty hatte jetzt definitiv etwas von Hercules, Jeanne d'Arc sowie St. Hunna in Pose und Ausdruck. Die Rollen Hiobs und Rotkäppchens hatte sie abgelegt. Der Mann blieb am Fuß der Treppe stehen und hustete verwirrt. Er fühlte sich gekapert, geentert, attackiert, überfallen, ausgeplündert und besiegt. Er wusste selbst nicht, was all dies bewirkte – es waren aber Hettys Augen. In ihnen sah er Piraten den Jolly Roger hissen und mit Dolchen zwischen den Zähnen flink die Wanten hinaufhuschen. Aber noch wusste er nicht, warum sein Schiff so ganz ohne Friedensverhandlungen beinahe in die Luft gejagt worden wäre. Noch wusste er nicht, dass es um die Ladung ging.

»Verzeihen Sie«, sagte Hetty so süß wie ihre essigsaure Stimme erlaubte, »aber haben Sie die Zwiebel vielleicht auf der Treppe gefunden? Da war ein Loch in der Papiertüte, und ich wollte sie gerade hier suchen.«

Darauf hustete der junge Mann eine halbe Minute lang. In dieser Zeit fand er den Mut, sein Eigentum zu verteidigen. Er umklammerte das scharf riechende

Artefakt und stellte sich beherzt der grimmigen Wegelagerin.

»Nein«, antwortete er heiser, »ich habe sie nicht auf der Treppe gefunden. Jack Bevens vom obersten Stock hat sie mir gegeben. Wenn Sie es nicht glauben, können Sie ihn gerne fragen. Ich warte solange.«

»Bevens kenne ich«, sagte Hetty verdrossen. »Er sitzt da oben und schreibt Bücher und Zeugs, die alle im Altpapier landen. Der Postbote bringt immer die dicken Umschläge zurück und lacht so laut, dass man's im ganzen Haus hört. Sagen Sie mal, leben Sie eigentlich auch hier im Vallambrosa?«

»Nein, ich besuche hier nur gelegentlich Bevens. Wir sind Freunde. Ich lebe zwei Blöcke weiter.«

»Was wollen Sie mit der Zwiebel denn anfangen?«, erkundigte sich Hetty. »Wenn ich fragen darf.«

»Aufessen.«

»Roh?«

»Ja, sobald ich zu Hause bin.«

»Haben Sie dort etwa sonst nichts zu essen?«

Der junge Mann überlegte kurz.

»Nein«, gab er zu, »bei mir zu Hause gibt es rein gar nichts Essbares. Ich glaube, Jack hat auch kaum etwas in seiner Bude. Die Zwiebel wollte er eigentlich nicht rausrücken, aber ich habe sie ihm doch abgeluchst.«

»Mensch«, sagte Hetty. Sie fixierte ihn mit ihrem erfahrenen Blick und legte ihm einen knochigen, doch ausdrucksvollen Finger auf den Ärmel. »Du hast es auch nicht leicht, was?«

»Absolut«, pflichtete der Zwiebelbesitzer bei. »Aber diese Zwiebel ist mein Eigentum, ehrlich erworben. Verzeihung, jetzt muss ich aber los.«

»Hör mal«, sprach Hetty auf ihn ein, etwas bleich vor Aufregung. »Eine rohe Zwiebel macht kein gutes Abendessen. Ein zwiebelloses Rinderragout aber auch nicht. Wenn du schon mit Jack Bevens befreundet bist, wirst du schon okay sein. Eine Freundin von mir sitzt gerade in meinem Zimmer – da, ganz hinten. Wir stecken beide in der Bredouille, zusammen haben wir aber Fleisch und Kartoffeln aufgetrieben. Die kochen gerade; aber dem Ganzen fehlt die Seele. Es gibt ja Dinge, die von Natur aus zusammengehören – rosa Stoff und grüne Blümchen, Omelett und Schinken, Iren und Ärger. Mit Rindfleisch, Kartoffeln und Zwiebeln ist es auch so eine Sache. Und auch mit Leuten, die in der Klemme stecken.«

Den jungen Mann überkam ein langer Hustenanfall. Mit einer Hand drückte er sich die Zwiebel an die Brust.

»Das stimmt, das stimmt natürlich«, sagte er schließlich, »ich muss aber wirklich gehen, denn –«

Hetty fasste ihn am Ärmel.

»Jetzt sei kein Spielverderber, mein Junge. Du brauchst doch nicht eine rohe Zwiebel zu mampfen!

Steuer sie lieber unserem Abendessen bei, und dann gibt es ein Ragout, dass du den Löffel auf Hochglanz polierst! Müssen denn zwei Ladys einen Gentleman erst niederstrecken und bei den Füßen ins Zimmer schleppen, damit er ihnen die Ehre eines Abendessens erweist? Wir tun dir schon nichts, Junge! Jetzt entspann dich mal und komm mit.«

Und tatsächlich entspannte sich das blasse Gesicht des jungen Mannes.

»Dann komme ich gerne mit!«, sagte er lächelnd. »Wenn denn die Zwiebel als Empfehlungsschreiben dienen kann …«

»Als das wohl auch, aber noch besser als Gewürz«, sagte Hetty. »Bleib noch mal kurz vor der Tür stehen; ich frage meine Freundin, ob sie auch nichts dagegen hat. Lauf mir nur bloß nicht weg mit deinem Empfehlungsschreiben!«

Hetty ging hinein und schloss die Tür. Der junge Mann blieb draußen stehen.

»Cecilia, Kindchen« – Hetty ölte ausgiebig die Säge ihrer Stimme – »da draußen wartet eine Zwiebel. Mit einem jungen Mann als Anhang. Ich habe ihn zum Essen eingeladen. Du hast doch nichts dagegen, oder?«

»Du meine Güte!«, rief Cecilia, setzte sich ordentlich hin und nestelte an ihrer Künstlerinnenfrisur. Ihr wehmütiger Blick fiel auf das Poster mit der Fähre.

»Nee«, sagte Hetty, »der ist es nicht. Jetzt hast du es mit dem echten Leben zu tun. Du sagtest doch, deiner hat Geld, ein Automobil und sonst was? Das hier ist ein armer Schlucker; hat nichts zu essen außer einer Zwiebel. Aber er macht sich ganz angenehm im Gespräch und wird nicht frech. Ich denke, er war früher mal ein Gentleman. Jedenfalls brauchen wir die Zwiebel! Darf ich ihn reinbitten? Er wird sich auch benehmen, da bin ich mir sicher.«

»Hetty, Liebes«, seufzte Cecilia, »ich habe so einen Hunger! Prinz oder Bandit, was macht es schon für einen Unterschied? Soll er ruhig reinkommen, wenn er etwas zum Essen beisteuern kann.«

Hetty trat wieder hinaus. Der Zwiebelmann war nicht mehr da. Ihr Herz setzte einen Schlag aus, und ihr Gesicht wurde bis auf die Nase und die Wangenknochen grau. Und dann strömte die Flut des Lebens zurück, denn sie sah ihn am anderen Ende des Flurs aus dem Fenster lehnen.

Sie eilte zu ihm. Er rief jemandem unten gerade etwas zu. Der Straßenlärm übertönte ihre Schritte. Sie schaute über seine Schulter hinunter, sah, mit wem er sprach, und hörte seine Worte. Er richtete sich wieder auf – und traf ihren Blick, der sich wie Stahl in ihn bohrte.

»Lüg mich nicht an«, sagte sie ruhig. »Was hattest du mit dieser Zwiebel vor?«

Der junge Mann unterdrückte ein Husten und baute sich entschlossen vor Hetty auf, bereit, ihr die Stirn zu bieten.

»Ich hatte vor, sie zu verzehren«, erwiderte er betont langsam, »genau, wie ich sagte.«

»Und du hast zu Hause sonst nichts zu essen?«

»Rein gar nichts.«

»Was arbeitest du denn?«

»Im Moment gehe ich keiner Arbeit nach.«

»Warum«, fragte Hetty in ihrem schärfsten Ton, »lehnst du dich dann aus Fenstern und kommandierst Chauffeure in grünen Automobilen herum?«

Der junge Mann lief rot an, und seine vormals matten Augen sprühten Funken.

»Weil, gnädige Frau«, sagte er, *accelerando*, »ich dem Chauffeur seinen Lohn zahle und dieses Automobil besitze – genauso wie diese Zwiebel. Jawohl, wie diese Zwiebel hier!«

Er schwenkte die Zwiebel vor Hettys Nase. Sie wich keinen Schritt zurück.

»Und warum ernährst du dich dann von nichts als Zwiebeln?«, erkundigte sie sich sarkastisch.

»Das habe ich nie behauptet!«, erwiderte der junge Mann hitzig. »Ich sagte nur, dass ich zu Hause nichts zu essen habe. Ich bin doch kein Feinkostwarenladen!«

»Und weshalb«, fuhr Hetty unnachgiebig fort, »wolltest du denn eine rohe Zwiebel essen?«

»Meine Mutter gab mir immer eine, wenn ich erkältet war. Verzeihung, dass ich ein körperliches Gebrechen erwähne, aber es dürfte vielleicht aufgefallen sein, dass ich sehr erkältet bin. Ich wollte die Zwiebel essen und ins Bett gehen. Und nun frage ich mich, warum ich stattdessen hier stehe und mich rechtfertige.«

»Wie hast du dir diese Erkältung denn eingefangen?«, fragte Hetty misstrauisch.

Der junge Mann schien auf einem emotionalen Gipfel angekommen. Es gab nur zwei Wege hinunter: Wutausbruch oder Kapitulation vor der Lächerlichkeit. Er wählte weise; sein heiseres Lachen hallte durch den leeren Flur.

»Sie sind schon einmalig!«, sagte er. »Und ich nehme Ihnen diese Vorsicht nicht übel. Ich kann es ja genauso gut erzählen. Ich bin nass geworden. Es war auf einer Fähre über den Hudson; ein Mädchen ist über Bord gesprungen. Da bin ich natürlich –«

Mitten in seinem Satz streckte Hetty gebieterisch die Hand aus.

»Gib mir die Zwiebel«, sagte sie.

Der junge Mann reckte das Kinn vor.

»Gib mir die Zwiebel«, sagte sie.

Er grinste und legte ihr die Zwiebel in die Hand.

Dann zeigte sich Hettys seltenes, melancholisches Lächeln. Sie nahm den jungen Mann bei dem Arm und wies auf die Tür ihres Zimmers.

»Geh da rein, Junge«, sagte sie. »Die kleine Närrin, die du aus dem Fluss gefischt hast, wartet auf dich. Geh rein. Ich gebe euch drei Minuten, bevor ich reinkomme. Geh schon rein, Zwiebel. Kartoffel wartet.«

Als er an der Tür geklopft hatte und eingetreten war, ging Hetty zum Waschbecken, um die Zwiebel zu schälen und zu waschen. Sie warf einen grauen Blick auf die grauen Dächer draußen; nach und nach verschwand das Lächeln von ihrem Gesicht.

»Aber das Fleisch«, sagte sie grimmig zu sich, »das Fleisch hab ich besorgt.«

# Das Mädchen

Auf der mattgläsernen Tür des Zimmers 962 stand in vergoldeten Buchstaben »Robbins & Hartley, Broker«. Die Angestellten waren alle schon gegangen. Es war nach fünf Uhr, und Putzfrauen trampelten mit dem Geklapper preisgekrönter Arbeitspferde ins zwanzigstöckige, wolkengekrönte Bürogebäude. Ein Hauch glühend heißer Luft, gewürzt mit Zitronenschalen, Kohlenrauch und Tran, drang durch die halbgeöffneten Fenster.

Robbins, fünfzig, ein übergewichtiger Lebemann, der Premieren und Hotels mit Palmen liebte, tat, als wäre er neidisch auf die Pendlerfreuden seines Partners.

»Luftfeuchtigkeit boomt heute ja so richtig«, sagte er. »Ihr Vorort-Leute habt es gut, mit eurem Mondenschein und Zikadengesang und Longdrinks auf der Terrasse und was weiß ich.«

Hartley – neunundzwanzig, ernst, dünn, nervös und gutaussehend – runzelte seufzend die Stirn.

»Ja«, pflichtete er bei, »in Floralhurst sind die Abende kühl, vor allem im Winter.«

Da kam ein geheimnisvoll dreinblickender Mann durch die Tür und ging auf Hartley zu.

»Ich habe herausgefunden, wo sie wohnt«, sprach er in jenem bedeutungsschwangeren Halbflüsterton, mit dem sich der Detektiv seinen Mitmenschen kundtut.

Hartley starrte ihn aber derart grimmig an, dass er sogleich innehielt und dramatisch schwieg, bis Robbins seine Krawatte zurechtgerückt, seinen Spazierstock in die Hand genommen und sich mit einem lässig-eleganten Nicken in Richtung urbaner Vergnügungen entfernt hatte.

»Hier ist die Adresse«, sagte der Detektiv – nun, in Ermangelung eines Publikums, in einem natürlichen Tonfall.

Hartley nahm den Zettel, den der Schnüffler aus seinem schäbigen Notizbuch herausgerissen hatte. Darauf stand »Vivienne Arlington, N 341 East ---th Street, bei Mrs McComus«.

»Sie ist vor einer Woche dorthin gezogen«, sagte der Detektiv. »Nun, wenn Sie Beschattung wünschen, Mr Hartley, da gehöre ich zu den besten in der Stadt. Es würde Sie nur 7 Dollar pro Tag kosten, dazu die Spesen. Ich kann Ihnen täglich einen maschinengeschriebenen Bericht schicken, unter Erwähnung –«

»Das ist nicht nötig«, unterbrach ihn der Broker. »So ein Fall ist es nicht. Ich wollte nur die Adresse. Was bekommen Sie?«

»Ein Tag Arbeit«, sagte der Detektiv. »Ein Zehner reicht.«

Hartley bezahlte, verließ das Büro und schwang sich auf dem Broadway in eine Straßenbahn. An der ersten großen Querstraße stieg er um, in eine Bahn Richtung Osten, die ihn zu einer heruntergekommenen Allee brachte, deren alte Häuser einst der Stolz und Ruhm der Stadt gewesen waren.

Ein paar Blöcke weiter fand er das richtige Gebäude. Es war ein kürzlich zum Apartmenthaus umgestaltetes Gebäude; auf dem Brownstone-Portal prangte der wohlklingende Name »Vallambrosa«. Auf dem Zickzack der Feuertreppen hing Wäsche, stand allerlei Kram und lärmten Kinder, von der Hochsommerhitze aus den Wohnungen getrieben. Hier und da lugte ein blasser Gummibaum aus dem bunten Treiben hervor, der sich zu fragen schien, ob er überhaupt noch zum Pflanzenreich gehörte.

Hartley drückte den Knopf, auf dem »McComus« stand. Das Schloss machte ein krampfhaftes Geräusch, erst grüßend, dann zweifelnd, als ob es nicht wusste, ob da Freunde oder Feinde kämen. Hartley trat ein und stieg unter ständigem Umschauen die Treppe hoch, wie es alle tun, die Bekannte in Apartmenthäusern suchen – wie ein Junge, der so lange den Baum hochklettert, bis er einen Apfel findet.

Im dritten Stock sah er Vivienne in der offenen Tür stehen. Mit einem Nicken und einem fröhlichen, aufrichtigen Lächeln bat sie ihn herein. Dann schob sie für ihn einen Stuhl zum Fenster und setzte sich anmutig auf die Kante eines jener Jekyll-&-Hyde-Möbelstücke, maskiert und geheimnisvoll vermummt, die tagsüber unscheinbar sind und nachts, wenn sie zum Schlafen dienen sollen, sich in ein inquisitorisches Foltergestell verwandeln.

Hartley musterte sie kurz, bevor er sprach, und sagte sich, dass er die perfekte Wahl getroffen hatte.

Vivienne war ungefähr einundzwanzig, vom reinsten angelsächsischen Typus. Ihr Haar war rötlich-golden; jedes Fädchen der ordentlich zusammengebundenen Masse glänzte mit seinem eigenen Glanz in seiner eigenen Farbnuance. Ihr Elfenbeinteint harmonierte perfekt mit den tiefseeblauen Augen, die alles mit der intelligenten Ruhe einer Fee oder Meerjungfrau aus einem unentdeckten Gebirgsbach betrachteten. Sie war robust gebaut, und hatte doch die Grazie der absoluten Natürlichkeit. Und dann war noch etwas da: Bei aller nordischen Klarheit und Offenheit der Linien und Farben hatte sie auch etwas Tropisches an sich. Die süße Trägheit ihrer Haltung, die Leichtigkeit ihrer Zufriedenheit mit der Welt und sich selbst, die Behaglichkeit, die man schon in ihrem Atmen spürte – all das berechtigte sie, als vollkommenes Werk der Natur zu existieren und bewundert zu werden, wie eine seltene Blume oder eine schneeweiße Taube inmitten grauer Gefährtinnen.

Sie trug eine weiße Bluse und einen dunklen Rock – das diskrete Kostüm, das der Hirtin gleichermaßen steht wie der Herzogin.

»Vivienne«, sagte Hartley mit flehendem Blick, »Sie haben meinen letzten Brief nicht erwidert. Ich habe erst nach einer Woche herausgefunden, wohin Sie gezogen sind. Warum spannen Sie mich so auf die Folter? Sie wissen doch, wie wichtig mir Ihre Antwort ist!«

Die junge Frau schaute verträumt aus dem Fenster.

»Mr Hartley«, antwortete sie schließlich zögernd, »ich weiß wirklich nicht, was ich sagen soll. Ich sehe alle Vorteile Ihres Angebots; ich weiß, dass ich damit gut aufgehoben wäre. Dann bekomme ich aber doch immer wieder Zweifel. Ich bin ja ein Stadtkind, und ich scheue davor zurück, mich an ein ruhiges Leben in der Vorstadt zu binden.«

»Aber meine liebe Vivienne«, sprach Hartley inbrünstig, »ich sage ja: Sie sollen alles haben, was Ihr Herz begehrt und was ich Ihnen geben kann! Sie können in die Stadt fahren, ins Theater und die Läden gehen, Ihre Freundinnen besuchen, was auch immer, so oft es Ihnen beliebt. Sie vertrauen mir doch, oder?«

»Absolut.« Sie lächelte und blickte ihn offen an. »Ich weiß, Sie sind ein wunderbarer Mensch; es ist eine Ehre, wenn Sie um ein Mädchen werben. Ich habe bei den Montgomerys viel über Sie gehört.«

»Ah!«, rief Hartley, und eine zärtliche Erinnerung erhellte seine Augen. »Ich weiß noch sehr gut, wie ich Sie zum ersten Mal bei den Montgomerys gesehen habe. Mrs Montgomery hat den ganzen Abend Lobeshymnen auf Sie gesungen – und die waren allesamt noch untertrieben. Dieses Dinner werde ich nie vergessen! Kommen Sie, Vivienne, sagen Sie endlich zu. Sie werden es nicht bereuen. Sie werden es bei niemandem sonst so angenehm haben!«

Das Mädchen seufzte und sah auf ihre gefalteten Hände hinunter.

Plötzlich erfasste Hartley ein Verdacht.

»Sagen Sie mir, Vivienne«, fragte er mit scharfem, eifersüchtigem Blick, »ist da ein anderer – ist ein anderer im Spiel?«

Eine leichte Röte stieg langsam über ihren blassen Hals und Wangen.

»Das sollten Sie nicht fragen, Mr Hartley«, antwortete sie verlegen. »Aber gut, ich will es Ihnen sagen. Ja, es gibt da einen anderen – aber er hat kein – ich habe ihm nichts versprochen –«

»Sein Name?«, verlangte Hartley streng.

»Townsend.«

»Rafford Townsend«, stieß Hartley zwischen zusammengepressten Zähnen hervor. »Woher kennt er Sie? Nach allem, was ich für ihn getan habe –«

»Oh, sein Automobil parkt gerade unter dem Fenster!«, rief Vivienne. Sie war aufgesprungen und hatte sich über die Fensterbank gebeugt. »Er will auch meine Antwort haben! Was soll ich bloß tun?«

In der Küche surrte die Klingel. Vivienne lief zur Tür und drückte den Türöffner.

»Bleiben Sie hier«, sagte Hartley. »Ich treffe ihn auf dem Flur.«

Townsend rannte bereits die Treppe hinauf, drei Stufen auf einmal. In seinem hellen Tweed, mit dem Panamahut und dem gezwirbelten schwarzen Schnurrbart hatte er etwas von einem spanischen Granden. Als er Hartley sah, blieb er verblüfft stehen.

»Mach kehrt«, sagte Hartley mit Nachdruck und deutete mit dem Zeigefinger die Treppe hinunter.

»Na, so was!«, Townsend machte eine überraschte Miene. »Was ist denn los? Und was machst du hier überhaupt, alter Knabe?«

»Mach kehrt«, wiederholte Hartley unnachgiebig. »Das Gesetz des Dschungels. Willst du, dass das Rudel dich in Stücke reißt? Die Beute gehört mir.«

»Ich suche hier doch nur einen Klempner. Mein Badezimmer, weißt du«, sagte Townsend tapfer.

»Gut«, sagte Hartley. »Soll dieses Lügenpflaster ewig

auf deiner verräterischen Seele kleben. Und nun: Mach kehrt.« Und so machte Townsend kehrt; nur ein paar bittere Worte wehten das Treppenhaus hinauf. Hartley kehrte zurück zum Werben.

»Vivienne«, sagte er gebieterisch, »ich muss Ihr Ja-Wort haben. Ohne Wenn und Aber und Hin und Her.«

»Wann wollen Sie mich denn?«, fragte sie.

»Sofort. Sobald Sie Ihre Sachen gepackt haben.«

Da sah sie ihm ruhig in die Augen.

»Und Sie denken wirklich«, sagte sie, »dass ich Ihr Haus betrete, während Héloise da ist?«

Hartley zuckte zusammen. Dieser Schlag kam unerwartet. Mit verschränkten Armen tigerte er auf und ab.

»Ich schicke sie fort«, erklärte er schließlich grimmig. Seine Stirn war feucht. »Wirklich, warum soll ich dulden, dass mir diese Frau das Leben zur Hölle macht? Seit sie da ist, habe ich keinen ruhigen Tag mehr. Du hast recht, Vivienne. Ich muss Héloise fortschicken, bevor du kommen kannst. Und das werde ich.«

»Wann?«, fragte das Mädchen.

Hartley runzelte die Stirn und schob das Kinn vor.

»Heute«, sagte er entschlossen. »Heute noch.«

»Dann«, antwortete Vivienne, »haben Sie mein Ja-Wort. Ich warte auf Sie.«

Anmutig und aufrichtig schaute sie ihm in die Augen. Hartley konnte ihre Kapitulation kaum fassen, so schnell und vollständig war sie.

»Versprechen Sie es mir«, sagte er mit Gefühl. »Geben Sie mir Ihr Ehrenwort.«

»Mein Ehrenwort«, wiederholte Vivienne sanft.

An der Tür drehte er sich um und blickte sie an – glücklich, aber doch wie einer, der dem Grund seines Glücks noch nicht ganz traut.

»Morgen«, sagte er mit erhobenem Zeigefinger.

»Morgen«, wiederholte sie lächelnd, und er wusste, dass er ihr trauen konnte.

Eine Stunde und vierzig Minuten später stieg Hartley in Floralhurst aus dem Zug. Ein flotter zehnminütiger Spaziergang brachte ihn zum Tor eines hübschen zweistöckigen Cottages mit breitem, gepflegtem Rasen. Eine Frau lief ihm entgegen; ihre tiefschwarzen Zöpfe und ihr weißes Sommerkleid flogen im Wind. Ohne ersichtlichen Grund erdrückte sie ihn fast in ihren Armen.

Als sie gemeinsam die Diele betraten, sagte sie: »Mamá ist hier. Ihr Chauffeur holt sie in einer halben Stunde wieder ab. Ich hatte sie zum Abendessen eingeladen – aber es gibt kein Abendessen!«

»Ich muss dir etwas sagen«, erwiderte Hartley. »Ich wollte nicht direkt damit anfangen, aber wenn deine Mutter hier ist, ist es wohl doch am besten.«

Er beugte sich hinunter und flüsterte ihr etwas ins Ohr.

Sie kreischte – so laut, dass ihre Mutter in die Diele gerannt kam. Die Schwarzhaarige gab wieder ein Kreischen von sich – das freudige Kreischen einer geliebten und verwöhnten Frau.

»Oh Mamá!«, rief sie ekstatisch. »Weißt du was? Vivienne wird unsere Köchin! Das Mädchen, das ein Jahr lang bei den Montgomerys war. Und jetzt, Billy, liebster«, wandte sie sich an ihren Mann, »musst du in die Küche gehen und Héloise kündigen. Sie war schon wieder den ganzen Tag betrunken!«

# Ein Weihnachtsgeschenk von Frio Kid

Der Zankapfel reifte zwanzig Jahre lang heran.

Und in seiner Reife war er jeden Zank wert.

Hätten Sie damals im Umkreis von fünfzig Meilen von der Sundown Ranch gelebt, hätten Sie bestimmt von diesem Streitfall gehört. Es ging um jede Menge pechschwarzes Haar, ein Paar aufrichtige dunkelbraune Augen und ein Lachen, das über die Prärie plätscherte wie der Klang eines verborgenen Bachs – kurzum, um Rosita McMullen, die Tochter des alten McMullen von der Sundown Ranch.

Da kamen auf zwei feurig roten Rossen – oder, um genauer zu sein, auf einer orange gescheckten Stute und einem bräunlichen Lichtfuchs – zwei Buhler angeritten. Der eine war Madison Lane, der andere Frio Kid. Nur hatte der sich damals die Ehre eines besonderen Spitznamens noch nicht verdient und hieß einfach Johnny McRoy.

Nun sollten Sie nicht annehmen, dass damit der Vorrat an Verehrern der bezaubernden Rosita erschöpft wäre. Nein, noch ein Dutzend andere Gäule scharrten ungeduldig vor der Sundown Ranch. Jede Menge verlorene Schafe seufzten hier unter dem Fenster, und keins davon gehörte dem Schafshirten Dan McMullen. Von allen Werbern aber hatten es Madison Lane und Johnny McRoy, gleichsam im Galopp, am weitesten gebracht, und um sie soll es hier gehen.

Madison Lane, ein junger Rancher aus Nueces County, hatte das Rennen gewonnen. Am ersten Weihnachtstag heiratete er Rosita. Die Cowboys und die Sheepboys – allesamt bewaffnet und lautstark, aber ausgelassen und großmütig – legten ihren angestammten Hass beiseite und feierten gemeinsam das große Ereignis.

Überall auf der Sundown Ranch ertönten Witze und Luftschüsse, glänzten Augen und Gürtelschnallen: Die Kuhhirten beglückwünschten mit viel Lärm das Brautpaar.

Doch gerade als das Hochzeitsfest in vollen Schwung kam, wurde es von Johnny McRoy heimgesucht, den die bitterste Eifersucht plagte.

»Hier habt ihr mein Weihnachtsgeschenk!«, rief er schrill in der Tür und zückte seinen .45-Colt. Selbst damals hatte er schon einen Ruf als anständiger Schütze.

Die erste Kugel biss Madison Lane ein Stück aus dem rechten Ohrläppchen. Dann bewegte Johnny den

Lauf einen Zoll weiter. Der nächste Schuss hätte die Braut getroffen, wäre der Schäfer Carson nicht im Besitz eines so gut geölten Verstandes gewesen. Die Gewehre der Hochzeitsgesellschaft waren als Zugeständnis an gute Manieren mitsamt den Gürteln an der Wand aufgehängt worden, als sich alle an den Tisch setzten. Aber Carson fand eine andere Waffe: Mit Wucht schleuderte er seinen Teller mit Wildbraten und mexikanischen Bohnen nach McRoy, der daraufhin danebenschoss. Die zweite Kugel traf nur die weißen Blüten einer Schwertlilie, die zwei Fuß über Rositas Kopf hing.

Die Gäste sprangen von den Stühlen und schnappten sich ihre Waffen; es galt nämlich als äußerst unhöflich, während einer Hochzeit auf das Brautpaar zu schießen. Noch etwa sechs Sekunden, und um die zwanzig Kugeln würden auf McRoy zusausen.

»Nächstes Mal schieße ich besser!«, schrie Johnny. »Und ein nächstes Mal wirds geben!« Und er machte sich davon.

Carson, durch den Erfolg des Tellerwerfens zu weiteren Heldentaten angespornt, erreichte als erster die Tür. McRoys Kugel kam aus dem Dunkel und streckte ihn nieder.

Die Cowboys stürzten sich daraufhin ins Freie, um McRoy zu finden und den Tod Carsons zu rächen. Das Töten eines Schäfers verstieß zwar nicht grundsätzlich gegen die guten Sitten, in diesem Fall aber schon, denn Carson war unschuldig. Er hatte sich keineswegs an der Eheschließung beteiligt, nicht einmal ein Weihnachtsgedicht hatte er rezitiert.

Aber die Rache sollte nicht sein. McRoy hatte sich schon auf sein Pferd geschwungen und galoppierte unter düsteren Drohungen und Verwünschungen in den Schutz des Chaparall-Gebüschs.

An diesem Abend wurde Frio Kid geboren. Er wurde zum Schrecken von Frio, Texas. Die Zurückweisung von Miss McMullen hatte aus ihm einen gefährlichen Mann gemacht. Als die Sheriffs ihn wegen des Mordes an Carson festnehmen wollten, brachte er zwei von ihnen um und begann das Leben eines Outlaws. Er lernte, mit links ebenso exzellent zu schießen wie mit rechts. Er tauchte in Städten und Siedlungen auf, zettelte Streit an, erschoss die Gegner und lachte die Ordnungshüter aus. Er war so kühl, so tödlich, so schnell, so unmenschlich blutdürstig, dass man nicht einmal ernstlich versuchte, ihn gefangen zu nehmen. Als er schließlich von einem kleinen, einarmigen Mexikaner erschossen wurde, der selbst vor Schreck fast gestorben wäre, hatte Frio Kid den Tod von achtzehn Menschen auf dem Gewissen. Etwa die Hälfte war in fairen Duellen umgekommen: Wer schneller den Colt zückt, gewinnt. Die andere Hälfte war willkürlich und grausam ermordet worden.

Viele Geschichten werden von seiner unverschämten Kühnheit erzählt. Dabei gehörte er nicht etwa zu der Sorte von Desperados, die gelegentlich großzügig oder gar sanftmütig werden. Es gab, sagt man, keine Gnade für die Opfer seines Zorns. Doch jetzt naht wieder die Weihnachtszeit, und da sollte man jedem so viel Gutes zugestehen, wie es nur geht. Nun, wenn Frio Kid denn jemals Gutes getan, wenn jemals Großzügigkeit an sein Herz geklopft hatte, so ist auch das zur Weihnachtszeit geschehen – und zwar folgendermaßen:

Wer unglückliche Liebe kennt, sollte niemals an den Blüten des Jerusalemsdorns riechen. Sein Duft weckt die Erinnerung in einem gefährlichen Maße.

Nun stand eines Dezembers in Frio der Jerusalemsdorn in voller Blüte: Der Winter war frühlingshaft warm gewesen. Mit seinem Handlanger und Mitmörder, Mexican Frank, kam Frio an dem Baum vorbei. Er zügelte seinen Mustang und lehnte sich im Sattel zurück, grimmig gedankenversunken, die Augen gefährlich zusammengekniffen. Der üppige, süße Duft berührte ihn irgendwo unter all seinem Eis und Eisen.

»Glatt hätte ich's vergessen, Mex«, sagte er gedehnt. »Ich habe ja noch ein Weihnachtsgeschenk loszuwerden. Und zwar muss ich morgen Abend kurz bei Madison Lane vorbeischauen und ihn bei dieser Gelegenheit erschießen. Er hat mir nämlich mein Mädchen geraubt.

Wenn er nicht wäre, hätte Rosita mich genommen. Warum habe ich bloß nicht früher daran gedacht?«

»Jetzt komm schon, Kid«, sagte der Mexikaner, »erzähl mir keinen Bockmist! Du weißt doch: Näher als eine Meile kommst du an Mad Lanes Haus morgen Abend nicht heran. Ich hab den alten Allen erst vorgestern gesehen, und er sagt, Mad lässt eine Weihnachtsfete steigen. Wie du damals bei der Hochzeit aufgetaucht bist, hast du doch nicht vergessen, oder? Und deine Drohungen auch nicht? Denkst du nicht, Mad Lane wird sich auch dran erinnern und ein Auge offen halten für einen gewissen Mr Kid? Lass das Gerede.«

»Ich gehe zu Madison Lanes Weihnachtsfete«, wiederholte Frio Kid in aller Ruhe, »und lege ihn um. Ich hätte es längst schon tun sollen. Mex, vor zwei Wochen erst habe ich geträumt, Rosita hätte mich geheiratet statt ihn, und wir lebten in einem Haus, und sie lächelte mich an, und – verdammt noch mal, Mex, er hat sie mir gestohlen! Aber ich kriege ihn noch. Jawohl, am Weihnachtsabend hat er sie gekriegt, und am Weihnachtsabend kriege ich ihn.«

»Wenn du so drauf brennst, erschossen zu werden, kannst du dich ja gleich dem Sheriff stellen«, riet der Mexikaner.

»Ich kriege ihn«, sagte Frio.

Der Weihnachtsabend war lau, als wäre es April. Ein Hauch von fernem Frost lag in der Luft, aber er prickelte nur wie Sodawasser und duftete zart nach den späten Blüten und Gräsern der Prärie.

Als die Nacht hereinbrach, brannte in den fünf Zimmern der Ranch Licht. In einem davon stand ein Weihnachtsbaum, denn die Lanes hatten einen dreijährigen Sohn, und es sollten auch mindestens ein Dutzend Gäste von benachbarten Ranches kommen.

Bei Einbruch der Dunkelheit rief Madison Lane drei Cowboys, die auf seiner Ranch arbeiteten, und seinen Freund Jim Belcher zur Seite.

»Jungs«, sagte Lane, »jetzt passt mal auf. Geht raus und bewacht das Haus; lasst die Straße nicht aus den Augen. Ihr kennt ja alle Frio Kid, wie man ihn jetzt nennt. Wenn er auftaucht, gilt: Erst schießen, dann fragen. Ich selbst hab ja keine Angst vor ihm, aber Rosita schon. Seit wir verheiratet sind, ist ihr jede Weihnachtszeit bange, dass er uns überfällt.«

Inzwischen kamen auch schon die Gäste, zu Pferde und in Kutschen, und machten es sich drinnen gemütlich.

Die Stimmung war ausgelassen und behaglich. Ritas ausgezeichnetes Essen wurde genossen und gelobt; danach verteilten sich die Männer in Grüppchen auf die Zimmer und die breite Galerie, rauchten und plauderten.

Die Kleinen freuten sich natürlich über den Weihnachtsbaum, und erst recht, als der Weihnachtsmann höchstpersönlich erschien – mit prächtigem weißem Bart, mit Pelz und mit Geschenken.

»Ich weiß, es ist mein Papa«, verkündete der sechsjährige Billy Sampson. »Er hat das schon mal gemacht.«

Der Schafzüchter Berkly, ein alter Freund Lanes, saß in der Galerie und rauchte. Als Rosita hereinkam, fragte er:

»Na, Mrs Lane, inzwischen haben Sie doch auch an Weihnachten keine Angst mehr vor diesem McRoy, oder? Madison und ich haben kürzlich darüber geredet ...«

»Es ist besser geworden«, lächelte Rosita, »aber manchmal mache ich mir doch noch Sorgen. Es war so schlimm damals! Er hätte uns ja beinahe umgebracht!«

»So einen kaltblütigen Schurken hat die Welt noch nicht gesehen«, sagte Berkly. »Wir sollten uns alle zusammenrotten und ihn zur Strecke bringen, wie einen Wolf.«

»Er hat ja wirklich furchtbare Verbrechen begangen«, erwiderte Rosita zögerlich, »aber ... Ach, ich weiß nicht. Ich glaube, in jedem steckt irgendwo auch Gutes. Er war nicht immer schlecht – da bin ich mir ganz sicher.«

Rosita bog in den Flur ein – und traf dort den Weihnachtsmann in all seiner Pelzpracht, das Gesicht vom Bart bedeckt.

»Ich habe Sie eben durch das Fenster gehört, Mrs

Lane«, sagte er. »Da kramte ich gerade in meiner Pelztasche nach dem Weihnachtsgeschenk für Ihren Mann. Aber dann hab ich stattdessen ein Geschenk für Sie dagelassen. In dem Zimmer da vorne rechts.«

»Danke, lieber Weihnachtsmann!«, strahlte Rosita.

Sie folgte seiner Anweisung, und der Weihnachtsmann trat hinaus, in die inzwischen kühlere Luft.

In dem besagten Zimmer fand sie nur Madison.

»Der Weihnachtsmann sagte, er hätte hier ein Geschenk für mich gelassen. Weißt du, wo es ist?«, fragte sie.

»Ich habe kein Geschenk gesehen«, sagte ihr Mann und lachte: »Vielleicht hat er ja mich gemeint?«

Am nächsten Tag kam Gabriel Radd, der Aufseher der XO Ranch, auf dem Postamt von Loma Alta mit dem Postmeister ins Gespräch.

»Na, endlich hat Frio Kid seine Portion Blei bekommen«, bemerkte er.

»Ach was! Wie das denn?«

»Einer der mexikanischen Schafhirten des alten Sanchez hat ihn erschossen. Stell dir das mal vor: Frio Kid, und von einem Hirten erlegt! Der hat ihn gestern gegen Mitternacht an seinem Lager vorbeireiten sehen und sich so erschrocken, dass er gleich mit der Winchester auf ihn losballerte. Das Komische aber ist: Kid war von Kopf bis Fuß als Weihnachtsmann verkleidet! Mit so einem weißen Bart aus Ziegenfell und einem richtigen Kostüm. Das ist schon was – Frio Kid als Santa!«

# Hexenbrot

Miss Martha Meacham besaß die kleine Bäckerei an der Ecke (die eine, zu der es drei Stufen hinaufgeht, und wenn man die Tür öffnet, bimmelt die Glocke).

Miss Martha hatte vierzig Jahre Lebenserfahrung, zweitausend Dollar auf dem Sparbuch, zwei falsche Zähne und ein mitfühlendes Herz. Es haben schon jede Menge Menschen geheiratet, deren Aussichten auf eine Hochzeit weitaus schlechter standen als die von Miss Martha.

Zwei- oder dreimal die Woche kam ein Kunde in die Bäckerei, der ihre Gedanken zu beschäftigen begann. Es war ein Mann mittleren Alters, mit Brille und sorgfältig gestutztem braunem Bart.

Englisch sprach er mit starkem deutschem Akzent. Seine Kleidung war hier und da abgetragen oder gestopft, ausgebeult oder zerknittert. Aber trotzdem machte er irgendwie einen ordentlichen Eindruck und hatte sehr gute Manieren.

Immer kaufte er zwei Laibe altes Brot. Für fünf Cent war entweder ein frischer Laib zu haben oder zwei vom Vortag, und immer nahm er Letzteres.

Einmal sah Miss Martha einen rot-braunen Fleck an seinem Finger. Er musste also ein armer Künstler sein! Bestimmt lebte er in einer Mansarde, malte dort seine schönen Bilder, aß sein altes Brot und dachte an die Köstlichkeiten, die es in Miss Marthas Bäckerei zu kaufen gab.

Wenn Miss Martha sich nun an einem Steak und Milchbrötchen mit Marmelade gütlich tat, seufzte sie und wünschte sich, der sanftmütige Künstler möge ihre schmackhafte Mahlzeit teilen statt in seiner zugigen Dachkammer trockene Krusten zu knabbern. Sie hatte, wie gesagt, ein mitfühlendes Herz.

Um ihre Theorie bezüglich seiner Beschäftigung zu überprüfen, holte sie eines Tages ein Gemälde aus ihrem Zimmer, das sie einmal günstig erstanden hatte, und stellte es ins Regal hinter der Brottheke.

Es war eine venezianische Szene. Ein prächtiger Marmorpalazzo (laut Titel) stand im Vordergrund – oder vielmehr im Vorderwasser. Dazu gab es Gondeln (inklusive einer Dame, die eine Hand übers Wasser gleiten ließ), einen Himmel mit Wolken und jede Menge Chiaroscuro. So ein Bild konnte ein Künstler unmöglich übersehen.

Zwei Tage später kam der Deutsche wieder.

*»Two olt bread, please.«*

Dann, als sie das Brot einpackte, sagte er: *»you haf here goot picture, Madam«.*

»Ach ja?«, sagte Miss Martha, ganz begeistert von der eigenen Gerissenheit. »Wissen Sie, ich liebe die Kunst und –« (ach nein, sie sollte nicht jetzt schon »Künstler« sagen) »– und Gemälde. Sie finden also, es ist ein gutes Bild?«

*»The palast«*, sagte der Kunde, *»is not very goot. Perspective is kaputt. Goot morning, Madam.«*

Er nahm sein Brot, verbeugte sich und eilte hinaus.

Ja, ganz bestimmt war er ein Künstler! Miss Martha brachte das Bild zurück in ihr Zimmer.

Wie sanft und freundlich seine Augen hinter der Brille schimmerten! Was für eine hohe Stirn er hatte! Die Perspektive mit einem Blick beurteilen zu können – und von altem Brot zu leben! Aber das Leben von verkannten Genies war ja oft schwer …

Wie schön wäre es doch für die Kunst im Allgemeinen und die Perspektive im Besonderen, wenn dieses Genie etwas Unterstützung bekäme, und zwar in Form von zweitausend Dollar auf dem Sparbuch, einer Bäckerei und einem mitfühlenden Herzen, das ihn – ja, so träumte Miss Martha vor sich hin.

Mittlerweile plauderte er oft eine Weile mit ihr über die Theke hinweg und schien sich nach ihren fröhlichen Worten zu sehnen.

Immer kaufte er nur altes Brot. Nie einen Kuchen, nie eine Torte, nie eine ihrer köstlichen Brioches.

Sie fand, dass er immer dünner wurde, dass er entmutigt aussah. Liebend gerne würde sie seinem mageren Einkauf etwas Gutes beilegen, brachte aber die Courage nicht auf. Sie hatte Angst, ihn zu verletzen: Die Künstler sind ja ein stolzes Volk.

Hinter der Theke trug Miss Martha nun ihre schönste Seidenbluse, blau und gepunktet. Im Hinterzimmer kochte sie eine geheimnisvolle Mischung aus Quittensamen und Borax, die so gut für den Teint sein soll.

Eines Tages kam der Deutsche wie üblich herein, legte seine fünf Cent auf die Theke und bat um zwei alte Brote. Während Miss Martha nach den Broten griff, ertönte ein lautes Hupen und Klirren, und ein Feuerwehrwagen rumpelte vorbei.

Der Kunde eilte zur Tür und schaute, was los war, wie man es eben tut. Da spürte Miss Martha plötzlich eine Inspiration und ergriff die Gelegenheit beim Schopf.

Auf dem untersten Regal hinter der Theke lag ein Pfund frische Butter: Der Milchmann hatte sie erst zehn Minuten zuvor gebracht. Miss Martha nahm ein Messer und machte einen tiefen Schlitz in die beiden alten Brote, tat jeweils ein gutes Stück Butter hinein und drückte jedes Brot wieder zu.

Als der Deutsche sich wieder zu ihr drehte, packte sie seinen Einkauf schon ins Papier.

Nach einem ungemein angenehmen Plausch ging er wieder, und Miss Martha lächelte ihm noch lange nach. Und doch spürte sie ein leichtes Herzflattern.

War sie auch nicht zu dreist gewesen? Würde er womöglich Anstoß nehmen? Aber nein! Brötchen waren keine Blumen, sie hatten keine Geheimsprache, und auch an Butter war nichts Unziemliches.

Den ganzen Tag konnte sie kaum an etwas anderes denken. Sie stellte sich vor, wie er ihr kleines Manöver entdeckte:

Er würde seine Pinsel und die Palette niederlegen – da, an der Staffelei mit dem wunderbaren Bild, das er gerade malte und dessen Perspektive über jede Kritik erhaben war.

Er würde denken, es erwarte ihn sein übliches karges Mahl: trockenes Brot und Wasser. Er würde in den Laib schneiden – und ach!

Miss Martha errötete. Würde er beim Essen an die Hand denken, die ihm die Butter beschert hatte? Würde er –

Die Klingel bimmelte aus aller Kraft. Jemand kam herein und machte dabei jede Menge Lärm.

Miss Martha eilte zur Theke. Dort standen zwei Männer: ein junger mit Pfeife, den sie nie zuvor gesehen hatte – und ihr Künstler.

Sein Gesicht war puterrot, sein Hut wild zurückgeschoben, sein Haar zerzaust. Er ballte die Fäuste und schüttelte sie wütend vor Miss Martha. Ja, er schüttelte die Fäuste vor ihrem Gesicht!

*»Potzblitzdonnerwetter!«*, schrie er, und dann *»Saperlottherrgottnochmal!«*, oder so ähnlich.

Der jüngere Mann versuchte, ihn wegzuziehen.

*»I vill not go!«*, rief der Künstler wütend. *»I vill tell zis woman!«*

Er schlug auf Miss Marthas Theke, als wäre sie eine Trommel.

*»You make my work kaputt!«*, rief er, und seine blauen Augen sprühten hinter der Brille böse Funken. *»I tell you, you blöde Kuh! You alte Hexe!«*

In einem Schwächeanfall lehnte Miss Martha sich gegen die Theke und drückte die Hand an ihre blaue Seidenbluse. Der jüngere Mann schnappte den älteren am Kragen.

»Jetzt komm schon«, sagte er, »das reicht nun wirklich.« Er zerrte den wütenden Deutschen hinaus und kam dann zurück.

»Ich denke, ich sollte Ihnen erklären, worum es geht, Madam«, sagte er. »Das ist Blumberger, technischer Zeichner. Wir arbeiten in demselben Architekturbüro.

Er hat drei Monate lang einen Entwurf für ein neues Rathaus gezeichnet, für ein Preisausschreiben. Gestern hat er das Ganze zu Ende getuscht. Wissen Sie, ein Zeichner arbeitet immer zuerst mit Bleistift. Und wenn er fertig ist, reibt er die Linien mit einer Handvoll alter Brotkrumen aus. Funktioniert besser als jeder Radiergummi.

Nun, Blumberger hat das Brot zum Ausreiben immer hier gekauft. Und heute – tja, wissen Sie, Madam, Butter ist eben – jedenfalls kann man aus Blumbergers Plan nun höchstens Sandwiches machen.«

Miss Martha ging ins Hinterzimmer. Sie nahm die gepunktete blaue Seidenbluse ab und zog das alte braune Kammgarnhemd an, das sie früher immer getragen hatte. Dann schüttete sie die Quittensamen-Borax-Mischung aus dem Fenster.

# Das letzte Blatt

In einem kleinen Viertel westlich des Washington Square sind die Straßen verrückt geworden und haben sich in Streifen aufgeteilt, die man »Places« nennt. Diese Places machen allerlei seltsame Winkel und Kurven. Eine Straße kreuzt sogar mindestens einmal sich selbst. Übrigens soll ein gewisser Künstler in dieser Tatsache einmal äußerst vielversprechendes Potenzial entdeckt haben: Sagen wir, ein Inkassobeamter käme mit einer Rechnung für Farben, Papier und Leinwand durch diese Straße – und träfe sich selbst, bereits auf dem Rückweg, ohne dass ein Cent gezahlt worden wäre!

Ob deswegen oder nicht, jedenfalls kamen bald allerlei Kunstleute ins malerische alte Greenwich Village auf der Suche nach Nordfenstern, neoklassizistischen Giebeln, niederländischen Mansarden und niedrigen Mieten. Dann importierten sie ein paar Zinnbecher und Messingtöpfe von der Sixth Avenue und wurden zu einer »Kolonie«.

Sue und Johnsy hatten ihr Atelier im Dachgeschoss eines gedrungenen, dreistöckigen Backsteinhauses. »Johnsy« war Joannas Spitzname. Eine der Künstlerinnen kam aus Maine, die andere aus Kalifornien. Sie hatten sich im Delmonico's in der Eighth Street kennengelernt, wo sie beide das Mittagsmenü bestellt hatten. Beim Essen hatten sie so viel Geistesverwandtschaft in Sachen Kunst, Chicoréesalat und Bischofsärmel entdeckt, dass sie bald zusammenzogen.

Das war im Mai gewesen. Im November pirschte eine kalte, unsichtbare Fremde durch die Kolonie. »Pneumonie« nannten sie die Ärzte. Hier und da berührte sie Menschen mit ihren eisigen Fingern. Auf der East Side schritt diese Mörderin kühn voran und erschlug jeden Tag Dutzende; im Labyrinth der engen, moosbewachsenen Places kam sie langsamer voran.

Madame Pneumonie hielt nichts von Fair Play. Was konnte eine winzige Frau, ihr Blut dünn von den Winden Kaliforniens, schon gegen den Atem und die Fäuste dieser Furie ausrichten? Und doch schonte die Fremde die kleine Johnsy nicht. Da lag sie, fast reglos, in ihrem Eisenbett und schaute durch das kleine unverhangene Fenster auf die fensterlose Mauer des Hauses gegenüber.

Eines Morgens hob der vielbeschäftigte Arzt eine graue zottelige Augenbraue; Sue kam mit in den Flur.

»Eins zu, nun ja, sagen wir, zehn, so steht es um sie«, sprach der Arzt, während er das Quecksilber im Thermometer herunterschüttelte. »Und diese Eins steckt in ihrem Lebenswillen. Aber manche Leute stellen sich geradezu beim Bestatter an, da kann die gesamte Pharmakopöe nur dumm aus der Wäsche schauen. Ihre Freundin ist sich ganz sicher, dass sie nicht gesund wird. Hat sie etwas auf dem Herzen?«

»Na ja, eines Tages wollte sie den Golf von Neapel malen«, sagte Sue.

»Ach was, malen! Ich frage doch, hat sie etwas Wichtiges auf dem Herzen? Etwas, das ihr den Lebenswillen raubt – einen Mann vielleicht?«

»Einen Mann?«, etwas Metallisches klang in Sues Stimme. »Ist ein Mann denn etwas – nein, Doktor, nichts dergleichen.«

»Dann ist es wohl einfach nur Schwäche«, sagte der Arzt. »Ich werde alles tun, was die Wissenschaft in meiner bescheidenen Person zu leisten vermag. Aber wenn meine Patienten anfangen, die Kutschen ihres Trauerzuges zu zählen, ziehe ich 50 Prozent von der Heilkraft jeder Medizin ab. Wenn Sie Ihre Freundin dazu bringen, auch nur einmal nach der Mantelmode im kommenden Winter zu fragen, verspreche ich Ihnen eine Chance von fünf statt eins zu zehn.«

Nachdem der Arzt gegangen war, lief Sue ins Studio und zerheulte eine Papierserviette zu Brei. Dann stolzierte sie munter Ragtime pfeifend mit ihrem Zeichenbrett ins andere Zimmer.

Johnsy lag reglos unter der Bettdecke, das Gesicht zum Fenster. Sue hörte auf, zu pfeifen, um sie nicht zu wecken.

Sie stellte ihr Brett auf und begann eine Federzeichnung für eine Zeitschrift. Junge Maltalente müssen sich den Weg zur Kunst nämlich mit Illustrationen für eben die Stories in Magazinen bahnen, mit denen sich junge Schreibtalente den Weg zur Literatur ebnen.

Sue skizzierte gerade die eleganten Reithosen und das Monokel des Helden, eines Gentleman-Cowboys aus Idaho, als sie ein leises Geräusch hörte. Es wiederholte sich. Sie lief zum Bett.

Johnsys Augen waren weit offen. Sie schaute aus dem Fenster und zählte – zählte rückwärts.

»Zwölf«, sagte sie, und ein wenig später »elf«; und dann »zehn«, und »neun«; und dann, fast in einem Atemzug, »acht« und »sieben«.

Sue schaute besorgt aus dem Fenster. Was gab es dort schon zu zählen? Da war nur ein kahler, trostloser Hof und zwanzig Fuß weiter eine Mauer. Eine sehr, sehr alte Efeuranke, knorrig, mit verrotteten Wurzeln, kletterte die Mauer halb hinauf. Der kalte Atem des Herbstes hatte die Blätter von ihr abgestreift, bis das Skelett ihrer Zweige fast kahl an den bröckelnden Ziegeln hing.

»Was ist, Liebes?«, fragte Sue.

»Sechs«, flüsterte Johnsy. »Sie fallen jetzt schneller. Vor drei Tagen waren es noch fast einhundert. Mir tat der Kopf weh vom Zählen. Aber jetzt ist es einfach. Da kommt noch eins. Jetzt sind es nur noch fünf.«

»Fünf was, Liebes? Sag es deiner Sue.«

»Blätter. Efeublätter. Wenn das letzte fällt, muss auch ich gehen. Das weiß ich schon seit drei Tagen. Hat es dir der Doktor nicht gesagt?«

»So ein Unsinn aber auch!«, rief Sue mit herrlicher Empörung. »Was haben irgendwelche Efeublätter damit zu tun, dass du gesund wirst? Dabei hast du diese Ranke immer so gemocht, du dummes Kind. Jetzt sei doch nicht so eine Gans! Der Doktor hat mir heute Morgen gesagt, deine Chancen, ganz bald wieder gesund zu werden, stehen – warte mal, wie hat er's genau gesagt? – ach ja, zehn zu eins! Wer in New York mit der Straßenbahn fährt oder an einem neuen Gebäude vorbeigeht, hat ja ziemlich die gleichen Chancen. Versuch jetzt mal, etwas Brühe zu trinken, und dann will die Tante Sue an der Zeichnung weitermachen, damit der Onkel Redakteur ihr ein bisschen Geld gibt. Dann kann sie Portwein für ihr krankes Mädchen kaufen, und Schweinekoteletts für sich selbst.«

»Portwein brauchst du nicht mehr zu kaufen«, sagte Johnsy mit einem Blick aus dem Fenster. »Da, noch eins. Nein, Brühe will ich auch nicht. Es bleiben nur noch vier. Ich will das letzte fallen sehen, bevor es dunkel wird. Dann gehe auch ich.«

»Johnsy, Liebes«, sagte Sue und beugte sich über sie, »versprichst du mir, jetzt die Augen zu schließen und nicht aus dem Fenster zu schauen, bis ich mit der Arbeit fertig bin? Ich muss die Zeichnungen bis morgen abgeben. Und ich brauche das Licht, sonst würde ich den Vorhang herunterziehen.«

»Kannst du nicht im anderen Zimmer zeichnen?«, fragte Johnsy kühl.

»Ich wäre lieber hier bei dir«, sagte Sue. »Außerdem will ich nicht, dass du ständig diese albernen Blätter anstarrst.«

»Sag mir Bescheid, wenn du fertig bist.« Johnsy schloss die Augen. Weiß und reglos wie eine gefallene Statue sprach sie weiter: »Ich will das letzte fallen sehen. Ich habe keine Kraft mehr zum Warten. Ich habe keine Kraft mehr zum Denken. Ich will mich von allem loslösen und hinuntersegeln, einfach nur hinunter, wie diese armen, müden Blätter.«

»Versuch doch mal, ein bisschen zu schlafen«, sagte Sue. »Ich muss kurz zu Behrman runter, ihn bitten, dass er mir für den heiligen Bergarbeiter sitzt. Bin in einer Minute wieder da! Bleib ruhig liegen, bis ich zurückkomme, ja?«

Der alte Behrman war ein Maler, der unter ihnen im Erdgeschoss wohnte. Er war über sechzig und hatte den

Kopf eines Satyrs, den herabfallenden Bart des Moses von Michelangelo und den Körper eines Kobolds. Als Künstler hatte er versagt. Vierzig Jahre lang hatte er den Pinsel geschwungen und dabei nie auch nur den Saum des Gewandes der gestrengen Herrin Kunst berührt. Immer wollte er bald, sehr bald, sein Meisterwerk beginnen, tat es aber nie. Seit Jahren hatte er nun gar nichts mehr gemalt bis auf ein bisschen Brotarbeit für Handel und Werbung. Er verdiente ein wenig dazu, indem er für die jungen Künstlerinnen und Künstler der Kolonie saß, die sich ein echtes Modell nicht leisten konnten. Er trank zu viel Gin und sprach immerzu von seinem kommenden Meisterwerk. Ansonsten war er ein grimmiger, kleiner Greis, der jede Art von Sentimentalität gnadenlos auslachte. Gegenüber den beiden jungen Künstlerinnen sah er sich als persönlicher Wachhund und Beschützer.

Sue fand Behrman in seiner düsteren Höhle, die er mit dem Geruch von Wacholder füllte. In einer Ecke stand auf ihrer Staffelei die leere Leinwand, die dort seit fünfundzwanzig Jahren auf den ersten Pinselstrich des Meisterwerks wartete. Sue erzählte Behrmann von Johnsys Fantasie und von der eigenen Angst, dass sie tatsächlich davonschweben würde, leicht und zerbrechlich wie ein Blatt, wenn ihr so schwacher Halt noch schwächer wurde.

Der alte Behrman spottete lautstark über derart idiotische Einbildungen, während seine geröteten Augen feucht glänzten.

»*Was!*«, rief er auf Deutsch und fuhr mit grausigem Akzent auf Englisch fort. »Gibt es Menschen in der Welt, die sind so dumm, dass sie sterben, weil verdammter Blatt von verdammter Rebe fällt? *Herrgott im Himmel*, ich habe noch nie gehört so einen Unsinn! Ich will nicht für keinen verdammten Bergarbeiter sitzen! Warum lässt du zu, dass sie bekommt so einen Unsinn ins Gehirn, he? Die arme kleine Miss Johnsy!«

»Sie ist sehr krank und schwach«, sagte Sue, »und das Fieber bringt diese seltsamen morbiden Fantasien. Nun gut, Mr Behrman, wenn Sie nicht für mich sitzen wollen, dann eben nicht. Aber ich finde, Sie sind – Sie sind ein blöder alter Quatschkopf.«

»Du dich aufführst wie dumme Frau!«, rief Behrman. »Wer sagt, ich will nicht sitzen? Sicher will ich sitzen! Ich komme ja schon. Seit halbe Stunde sag ich: Ich will für dich sitzen! *Meine Güte!* Dieses Haus hier – da sollte nicht ein Mensch wie die gute Miss Johnsy krank liegend sein. Kommt der Tag, da male ich mein Meisterwerk und wir alle ziehen weg hier. *Bei Gott*, das werden wir!«

Johnsy schlief, als die beiden das Atelier im Dachgeschoss betraten. Sue zog den Rollvorhang bis zur Fensterbank herunter und winkte Behrman in das andere Zimmer. Aus dem Fenster dort wagten sie einen ängstlichen Blick auf die Efeuranke. Dann sahen sie sich einen Moment lang schweigend an. Ein kalter Schneeregen fiel und fiel und hörte nicht auf. Behrman setzte sich auf einen umgedrehten Kessel, der als Stein dienen sollte, und sein altes blaues Hemd wurde zu der Robe des heiligen Bergarbeiters.

Als Sue am nächsten Morgen nach einer Stunde Schlaf erwachte, starrte Johnsy den geschlossenen grünen Vorhang an. Ihre Augen blickten stumpf, waren aber weit aufgerissen.

»Zieh ihn hoch; ich will es sehen«, befahl sie flüsternd.

Und die erschöpfte Sue gehorchte.

Aber was war das? Nach all dem Regen und den heftigen Windböen der letzten Nacht klammerte sich noch immer ein Efeublatt an die Mauer. Es war das letzte an der Ranke. Immer noch dunkelgrün nahe dem Stiel, die gezackten Ränder aber schon vom Gelb des Verfalls gezeichnet, hing es tapfer von seinem Zweig etwa zwanzig Fuß über dem Boden.

»Es ist das letzte«, sagte Johnsy. »Ich dachte, es würde diese Nacht bestimmt fallen. Ich habe den Wind gehört. Es fällt also heute, und dann sterbe ich.«

»Johnsy, Johnsy!« Sue beugte ihr müdes Gedicht zum Kissen hinunter. »Wenn du schon nicht an dich selbst denken willst, denk an mich. Was soll ich tun ohne dich?«

Aber Johnsy antwortete nicht. Nichts auf der ganzen Welt ist einsamer als eine Seele, die sich anschickt, auf ihre geheimnisvolle, weite Reise zu gehen. Ihre Vorahnung ergriff immer mehr Besitz von ihr; nach und nach löste sie all ihre Bande zu Freundschaft und Leben.

Schleppend verging der Tag, doch selbst im Abendlicht konnten sie das einsame Efeublatt an der Mauer sehen, das sich an seinem Stiel festhielt. Und dann, mit Einbruch der Nacht, kam wieder der Nordwind, und der Regen peitschte wieder gegen die Fenster und prasselte von der niedrigen gekrümmten Traufe hinunter.

Sobald der Morgen dämmerte, befahl Johnsy unbarmherzig, dass Sue den Rollvorhang hochziehe.

Das Efeublatt war noch da.

Johnsy starrte es lange an. Und dann rief sie nach Sue, die gerade Hühnerbrühe über dem Gasherd für sie rührte.

»Das war schrecklich von mir, Sue!«, sagte Johnsy. »Etwas hat dieses letzte Blatt da gehalten, damit es mir klar wird. Es ist eine Sünde, sterben zu wollen. Du kannst mir jetzt ein wenig Brühe geben, und ein bisschen Milch mit Portwein. Warte, nein, bring mir erst einen Handspiegel und packe ein paar Kissen um mich; ich setze mich dann auf und schaue dir beim Kochen zu.«

Eine Stunde später sagte sie:

»Sue, weißt du, eines Tages will ich den Golf von Neapel malen.«

Der Arzt kam am Nachmittag, und Sue fand eine Ausrede, um ihn in den Flur hinaus zu begleiten.

»Fünfzig-fünfzig«, sagte der Arzt und nahm Sues dünne, zitternde Hand in seine. »Mit guter Pflege werden Sie gewinnen. Und jetzt muss ich zu einem anderen Fall weiter. Ihr Nachbar unten, Behrman heißt er – eine Art Künstler, glaube ich. Ebenfalls Pneumonie. Er ist ein alter, schwacher Mann, und die Lunge ist extrem entzündet. Ein hoffnungsloser Fall. Aber er kommt heute ins Krankenhaus, dann hat er es bequemer.«

Am nächsten Morgen sagte der Arzt zu Sue: »Sie ist außer Gefahr. Sie haben gewonnen. Jetzt nur noch gute Nahrung und Fürsorge – das ist alles.«

Und am Nachmittag darauf kam Sue zu dem Bett, in dem Johnsy zufrieden ein äußerst blaues und äußerst nutzloses Schultertuch strickte, und legte einen Arm um ihre Freundin mitsamt dem Kissen.

»Ich muss dir etwas sagen, Mäuschen«, begann sie. »Behrman ist heute im Krankenhaus an Pneumonie gestorben. Er war nur zwei Tage krank. Der Hausmeister hat ihn gestern früh in seinem Zimmer gefunden, hilflos vor Schmerzen. Seine Schuhe und Kleidung waren ganz nass und eiskalt. Niemand wusste, wo er sich in der Nacht bei diesem Unwetter herumgetrieben hatte. Und dann fand man eine brennende Laterne, und eine

Leiter, und ein paar verstreute Pinsel, und eine Palette mit grüner und gelber Farbe, und – schau aus dem Fenster, Liebes, auf das letzte Efeublatt an der Mauer. Hast du dich nicht gewundert, warum es nie im Wind flattert? Es ist Behrmans Meisterwerk, Liebste. Er hat es gemalt, in der Nacht, als das letzte Blatt fiel.«

# Editorische Notiz

Die Short Storys »Die Gaben der Weisen« *(The Gift of the Magi)*, »Der Cop und der Choral« *(The Cop and the Choral)*, »Die grüne Tür« *(The Green Door)*, »Kleider, Sachen, Leute« *(Lost on Dress Parade)*, »Per Kurier« *(By Courier)*, »Das möblierte Zimmer« *(The Furnished Room)* und »Nach zwanzig Jahren« *(After Twenty Years)* sind erstmals in der Kurzgeschichtensammlung *The Four Million* im Jahr 1906 erschienen.

Das letzte Blatt *(The Last Leaf)* ist Teil der Kurzgeschichtensammlung *The Trimmed Lamp* (1907).

In *Heart of the West* (1907) ist die Kurzgeschichte »Weihnachten in Yellowhammer« *(Christmas by Injunction)* enthalten.

Die beiden Kurzgeschichten über Jeff Peters entstammen *The Gentle Grafter* von 1908: »Das missglückte Monopol« *(The Octopus Marooned)* und »Schweineethik« *(The Ethics of Pig)*.

»Die dritte Zutat« *(The Third Ingredient)* ist Teil der Kurzgeschichtensammlung *Options* von 1909.

Die beiden Kurzgeschichten »Das Mädchen« *(Girl)* und »Ein Weihnachtsgeschenk von Frio Kid« *(A Chaparall Christmas Gift)* sind Teil von *Whirligigs* (1910).

»Hexenbrot« *(Witches' Loaves)* entstammt der Kurzgeschichtensammlung *Sixes and Sevens*, erstmals erschienen 1911.